消费者行为学

张 蕾 吴秋琴 ◎编著

CONSUMER BEHAVIOR

图书在版编目（CIP）数据

消费者行为学/张蕾，吴秋琴编著 .—北京：经济科学出版社，2021.11
ISBN 978－7－5218－3114－6

Ⅰ.①消⋯　Ⅱ.①张⋯②吴⋯　Ⅲ.①消费者行为论　Ⅳ.①F036.3

中国版本图书馆 CIP 数据核字（2021）第 240774 号

责任编辑：刘　丽
责任校对：杨　海
责任印制：范　艳

消费者行为学

张　蕾　吴秋琴　编著

经济科学出版社出版、发行　新华书店经销
社址：北京市海淀区阜成路甲 28 号　邮编：100142
总编部电话：010－88191217　发行部电话：010－88191522
网址：www.esp.com.cn
电子邮箱：esp@esp.com.cn
天猫网店：经济科学出版社旗舰店
网址：http://jjkxcbs.tmall.com
北京季蜂印刷有限公司印装
787×1092　16 开　13.5 印张　260000 字
2021 年 11 月第 1 版　2021 年 11 月第 1 次印刷
ISBN 978－7－5218－3114－6　定价：49.00 元
（图书出现印装问题，本社负责调换。电话：010－88191510）
（版权所有　侵权必究　打击盗版　举报热线：010－88191661
QQ：2242791300　营销中心电话：010－88191537
电子邮箱：dbts@esp.com.cn）

前言 PREFACE

我们每一个人都是消费者,对于大多数人而言,购买和使用商品的时间甚至多于工作和休息的时间。既然花费如此多的时间在消费上,我们自然需要对如何购买和消费,企业如何影响购买决策有充分的了解,以便消费行为能达到预期的效果。

如果我们是企业与营销管理有关的人员,那么会发现消费者行为学是营销工作的基础,也是营销工作的核心之一。营销工作需要保持"两只眼":消费者和竞争者,然而对竞争者分析的许多工作仍然是建立在对消费者的理解之上,因此可以认为对消费者行为的理解是营销管理工作的基础与核心。

中国已经成为世界第二大经济体,无数的企业每天都花费大量的财力、人力和物力希望能影响消费者的信息、选择和消费。许多时候,消费者需要了解企业是如何研究我们自己的,这不仅能帮助我们更好地消费,也能帮助我们在企业损害消费者利益时挺身而出、建言献策,从而净化消费环境,提高整体社会的幸福指数。

因此,了解消费者行为非常有必要。现在已经有一些教材可供选择,这些教材对消费者行为的各个方面进行了较全面的阐述。然而以下三个方面的原因促使作者撰写本书,它们也是本书的特点。

1. 通过较少的篇幅涵盖消费者行为学的核心内容

虽然开卷有益,将消费者行为学的重要研究成果进行全面囊括非常有意义,然而许多读者一方面无法抽出足够多的时间来阅读大部头著作,另一方面又希望能了解本学科的核心内容。本书既涵盖消费者行为学的核心内容,力求涵盖最新的研究成果，同时也力求保持内容的精练。

2. 强调知识的理解和运用

对于消费者行为学的核心概念，本书力求将其发现的实验或相关背景知识进行简洁但较全面的介绍，以便大多数读者能从知识发现的过程了解到该知识的作用和边界，对其核心内涵有较高程度的理解。

本书力求对各个概念的关系进行阐述，以求读者在阅读后不仅能形成对各个知识点的点状记忆，也能形成关于相关知识的片状记忆乃至一个体系，而这正是阅读一本教材而非搜索单个知识点的特别之处。

此外，为了提高本书的信息量，增强读者对知识的运用能力，本书根植于中国国情，选用本土背景的案例并对中国消费者行为学的特色进行单独分析，力求让本书主要为中国企业和读者服务。

3. 通俗易懂但不失科学性

读者可能希望较为轻松地阅读可靠的学术成果。然而，学术成果的阅读性通常不强，阅读性较强的一些书籍往往牺牲了一定的科学性，本书力求兼顾科学性和可阅读性。通过对相关知识的溯源，力求从知识发现的来源对其进行解释。此外，通过借助案例、知识提出的背景、与其他知识的关系、该知识点的主要用途等内容的阐述使得读者更容易理解和阅读相关的内容。

为了方便读者阅读，本书在章节顺序上也进行了一定的调整。消费者行为学的教材一般包括两个主要的模块：影响消费者决策的因素和消费者决策的流程。许多教材以消费者购买决策的逻辑作为内容的顺序，然而对于读者而言这可能并非较好的安排。为此，本书先分析消费者决策流程和决策理论，在此基础上分析影响消费者行为的因素，最后再回到决策流程和决策理论。这样安排是因为决策流程和决策理论的内容更容易理解，且并不依赖于对影响消费者决策的因素的掌握。

本书从结构上可以分为四个部分。一是消费者行为的基础知识，包括消费者行为学的主要概念、研究的流程和本书的框架。二是消费者决策流程和决策理论，包括经典的决策流程和选择性理论、前景理论、解释水平理论、心理账户和其他与消费决策有关的理论。三是影响消费决策的内外部因素，外部因素包括家庭、参考群体、社会声望、人口环境、文化和亚文化；内部因素包括感知、情绪、学习和记忆、动机、态度、个性以及自我和生活方式。四是群体决策和消费，包括群体的心理特征、群体的归因、群体的影响，以及群体的说服理论和方法。本书建议授课40学时，其中，第1章为4学时，第2章为6学时，第3章为10学时，第4章为6学时，第5章为4学时，第6章为4学时，第7章为6学时。

本书主要可作为工商管理硕士和本科生学习消费者行为学的教材，也可供感兴趣的读者作为参考书籍。

本书在撰写过程中，参考了很多相关资料，已尽可能详细地在参考文献中列出，在此对这些专家学者表示深深的感谢。

由于作者水平有限，书中难免存在不足之处，敬请专家和同行批评指正。

目录 CONTENTS

第1章 认识消费者行为学 ································· 1
  1.1 学习消费者行为学的原因 ································· 2
  1.2 消费者行为学研究的两个主要概念 ························· 4
  1.3 消费者行为学的研究内容 ································· 6
    1.3.1 消费者决策流程 ································· 6
    1.3.2 影响消费者决策的因素 ··························· 7
  本章小结 ·· 8
  关键术语 ·· 9
  习题 ·· 9

第2章 消费者决策流程 ······································· 10
  2.1 消费者决策流程概述 ····································· 11
    2.1.1 问题认知 ··· 11
    2.1.2 信息搜寻 ··· 12
  2.2 消费者购买选择 ··· 14
    2.2.1 偏好及其权重调查 ······························· 15
    2.2.2 补偿模型 ··· 19
    2.2.3 非补偿模型 ······································· 19
    2.2.4 结果比较 ··· 22
  2.3 购后行为 ··· 22
    2.3.1 顾客满意 ··· 23
    2.3.2 顾客忠诚 ··· 25

　　　　2.3.3　顾客忠诚的影响因素 ………………………………………………… 27
　　　　2.3.4　消费者分享 …………………………………………………………… 31
　　2.4　购物介入程度 ……………………………………………………………………… 31
　　　　2.4.1　名义型购买 …………………………………………………………… 31
　　　　2.4.2　有限型决策 …………………………………………………………… 32
　　　　2.4.3　扩展型决策 …………………………………………………………… 32
　　2.5　情景 ………………………………………………………………………………… 33
　　　　2.5.1　物理环境 ……………………………………………………………… 33
　　　　2.5.2　社会环境 ……………………………………………………………… 34
　　　　2.5.3　决策时间 ……………………………………………………………… 34
　　　　2.5.4　购买任务类型 ………………………………………………………… 35
　　　　2.5.5　消费者的先前状态 …………………………………………………… 35
　　2.6　决策类型 …………………………………………………………………………… 36
　　　　2.6.1　替代指示器 …………………………………………………………… 36
　　　　2.6.2　决策类型 ……………………………………………………………… 37
　本章小结 …………………………………………………………………………………… 38
　关键术语 …………………………………………………………………………………… 38
　习题 ………………………………………………………………………………………… 39

第 3 章　决策理论 … 42

　　3.1　选择性理论 ………………………………………………………………………… 43
　　　　3.1.1　期望值 ………………………………………………………………… 43
　　　　3.1.2　期望效用 ……………………………………………………………… 44
　　3.2　前景理论 …………………………………………………………………………… 45
　　　　3.2.1　确定性效应 …………………………………………………………… 46
　　　　3.2.2　反射效应 ……………………………………………………………… 46
　　　　3.2.3　损失厌恶 ……………………………………………………………… 47
　　　　3.2.4　参照依赖 ……………………………………………………………… 48
　　3.3　解释水平理论 ……………………………………………………………………… 50
　　　　3.3.1　理论起源和含义 ……………………………………………………… 50
　　　　3.3.2　从时间距离到假设性 ………………………………………………… 52

  3.3.3 解释水平理论的运用 ······ 53
3.4 心理账户 ······ 54
  3.4.1 心理账户的含义 ······ 54
  3.4.2 心理账户的运用 ······ 56
3.5 其他理论 ······ 57
  3.5.1 锚定效应 ······ 57
  3.5.2 免费效应 ······ 60
  3.5.3 诱饵效应 ······ 62
  3.5.4 布里丹效应 ······ 64
  3.5.5 当下享乐偏好 ······ 64
本章小结 ······ 65
关键术语 ······ 66
习题 ······ 67

第4章 影响消费者决策的外部因素 ······ 69

4.1 家庭 ······ 70
  4.1.1 家庭生命周期 ······ 71
  4.1.2 家户决策的特点 ······ 73
  4.1.3 我国家庭结构现状和发展趋势 ······ 73
4.2 参考群体 ······ 74
  4.2.1 参考群体划分 ······ 75
  4.2.2 参考群体的类型 ······ 75
  4.2.3 参考群体对个人的影响方式 ······ 76
  4.2.4 参考群体影响的强度 ······ 77
  4.2.5 角色 ······ 78
4.3 社会声望 ······ 80
  4.3.1 社会声望的划分 ······ 81
  4.3.2 社会声望对消费的影响 ······ 83
4.4 人口环境 ······ 84
  4.4.1 人口规模和结构 ······ 84
  4.4.2 人口世代 ······ 86

	4.4.3 教育和职业	92
4.5	文化	93
	4.5.1 文化的内涵	94
	4.5.2 中国的典型消费文化	95
	4.5.3 中国文化的内部结构性差异	101
4.6	亚文化	102
本章小结		103
关键术语		104
习题		104

第 5 章　影响消费者决策的内部因素 Ⅰ … 107

5.1	感知	108
	5.1.1 感知的含义	109
	5.1.2 感知的过程	115
	5.1.3 感知的特点	122
	5.1.4 感知和营销	126
5.2	情绪	128
	5.2.1 情绪及其相近的词语	128
	5.2.2 情绪的类别和组合	130
	5.2.3 情绪和营销	133
本章小结		134
关键术语		134
习题		135

第 6 章　影响消费者决策的内部因素 Ⅱ … 137

6.1	学习和记忆	138
	6.1.1 学习	138
	6.1.2 记忆	143
6.2	动机	151
	6.2.1 动机的含义	151
	6.2.2 动机的分类	152

6.2.3　动机对营销的影响 ·· 156
6.3　态度 ··· 158
　　　6.3.1　态度的构成 ··· 158
　　　6.3.2　态度的形成路径 ·· 160
　　　6.3.3　改变态度 ·· 161
6.4　个性 ··· 162
　　　6.4.1　核心特质 ·· 163
　　　6.4.2　个性和营销 ··· 164
6.5　自我和生活方式 ··· 165
　　　6.5.1　自我的分类 ··· 166
　　　6.5.2　自我和营销 ··· 169
　　　6.5.3　生活方式 ·· 170
本章小结 ··· 172
关键术语 ··· 173
习题 ·· 173

第7章　群体决策和消费 ·· 176

7.1　群体 ··· 177
　　　7.1.1　群体的意义 ··· 177
　　　7.1.2　群体的心理特征 ·· 178
7.2　归因 ··· 179
　　　7.2.1　弗里茨·海德的归因 ·· 180
　　　7.2.2　对应推理理论 ·· 180
　　　7.2.3　协变模型 ·· 181
7.3　群体影响 ·· 183
　　　7.3.1　从众 ·· 183
　　　7.3.2　消费者口碑传播 ·· 186
7.4　说服 ··· 188
　　　7.4.1　说服理论 ·· 189
　　　7.4.2　说服方法 ·· 191

本章小结 ··· 195
关键术语 ··· 196
习题 ··· 196

参考文献 ··· 198

第 1 章　认识消费者行为学

【教学目标与要求】

(1) 了解学习消费者行为学的必要性。

(2) 了解科学研究的两个关键步骤，进而理解如何阅读消费者行为学的研究文献。

(3) 掌握消费者行为学研究的范围和内在逻辑关系。

【导入案例】

小李和朋友一起去买裙子，逛遍了商场的女装区，最后能入眼的只有两条：一条草绿底带蝴蝶的裙子生动活泼，另一条纯白的纱裙朴素大方。然而小李开始纠结不知如何选择。拿起草绿色的裙子试了又试，放回衣架上；过了一会儿拿起朴素大方白纱裙，试过之后还是难以决策。

随同购物的朋友突然冲售货员说："麻烦您将这两条裙子都帮我包起来！"小李终于松了口气，问题就这样轻松解决了。

小李是典型的选择困难症。选择困难症是现代人的流行症状之一，一般表现为不自信和害怕失败。不仅购买衣服，在工作选择、爱情选择、买房选择、购车选择甚至是小孩子的兴趣班选择等都普遍存在。

资料来源：邢彦冬. 我的"选择困难症"[J]. 走向世界, 2016 (28)：104.

消费是世界经济增长的驱动力之一，因此消费是社会所需。随着经济的发展，每个人每天都面临着各样的消费决策。因此，不管是社会还是个人都需要认真对待消费行为。

为了更好地分析消费者行为学，首先需要区分几个容易混淆的概念：消费者、顾客和客户。当一家公司说消费者时，通常的含义是潜在的顾客；而当其说某某顾客时，代表着某某已经购买了这家公司的产品，即顾客是已经购买了某公司产品的消费者。客户这一概念多存在于客户关系管理领域，顾客与客户在很多时候是一样的含义。但是，有许多公司把客户界定为重要的顾客，而顾客则指一般性的顾客，这里的重要和非重要一般是从消费额或者利润角度而言。为了尊重习惯，我们也区分二者的差别。

1.1　学习消费者行为学的原因

之所以要学习消费者行为学，至少有以下两个方面的原因。

原因之一，消费者行为学是营销管理的核心基础之一，可以说对消费者行为的认识在相当大的程度上决定了营销工作的方向和营销管理的成败。营销工作总体包括：环境分析、竞争优势分析、市场细分、目标市场选择、市场定位、设计产品、设计价格、完善渠道和设计促销策略。这其中，除了竞争优势分析外，其他营销工作都与消费者息息相关，有些营销工作则直接与消费者行为相关。

此外，虽然许多人的工作岗位和营销管理没有直接关系，然而内部营销的观念也要求人们以客户的方式对待自己前后流程的同事，因此人们的工作总体都会与营销相关，也自然需要了解你的客户。

因此，可以认为优秀营销策略的制定都必然是建立在对消费者行为的理解之上。

案例 1-1

2020 年 12 月 16 日，第一财经商业数据中心（CBNData）在上海发布了《新消费引领下的"风"与"变"——2020 中国互联网消费生态大数据报告》，从消费者、业态、品牌、营销四大维度出发，描绘本年度互联网消费生态的新格局，梳理出 2020 年消费生态最值得关注的十大变化。

（1）消费分化凸显、理性消费回归；

（2）健康消费多维延伸，医疗场景向日常渗透；

（3）家的重要性被重申，人与环境关系重塑；

（4）焦虑情绪亟待释放，"充电"需求全面爆发；

（5）"云端化"从阶段性刚需成为企业数字化新基建；

（6）到家经济重回风口，寻求新增量的战役打响；

（7）新消费重塑了"品牌力"，传统企业守业艰辛；

（8）"本土化"认同加剧，新国货势不可挡；

(9) 直播重构消费通路，爆发后迎来"冷静期"；

(10) 内容营销出现"转化焦虑"，在同质化竞争中寻求出路。

资料来源：第一财经商业数据中心. 新消费引领下的"风"与"变"——2020中国互联网消费生态大数据报告［R/OL］. (2020-12-16) ［2021-07-27］. https：//cbndata. com/report/2500/detail? isReading = report&page = 6&readway = stand.

原因之二，消费者行为学能帮助消费者了解自己的消费决策，提升其消费的幸福感和社会整体的福祉。

每年甚至每个季度，不计其数的公司花费重金试图影响每个消费者及其朋友和家人。这种努力不仅出现在广告、包装、促销活动、店铺环境等众多方面，也广泛出现在手机、电视、电影、电台等各个媒体平台和各样的阅读资料中。面对众多直接、间接的说服，理解或把握这些说服策略将有助于消费者摆脱被过度商业操纵的困境。事实上，生活在工业和后工业文明社会中的人们，往往会花相当多的时间从事消费活动。然而，许多情境下消费活动可能达不到事先的设想甚至有损消费者的福利。例如，每年的"双11""618"促销节，消费者可能会购买不那么需要的商品，购买过程也可能花费过多的精力反而在得到商品时失去了应有的乐趣。因此，拥有丰富的消费者行为知识有助于人们对自身消费有更深的理解。这样的理解能帮助我们制定更理性的消费决策，有效抑制不道德的商业行为，提升个体的消费幸福感乃至生活幸福感。

案例1-2 为了赠品而购买商品

赠品是为了促销而送给顾客的物品。赠品可以是小东西，也可以是庞然大物。买零食送新品试吃，买护肤品送小样；买衣服送红手绳，买鞋子送鞋垫，买手机送手机膜、充电宝、鱼骨头绕线器、触控笔、防尘塞，甚至一整套。消费者一般有这样的体会：赠品虽然小，但实用性较高。

对于企业促销而言，赠品是非常重要的部分，各种各样的赠品层出不穷。

除了送样品、鞋垫、手机膜、充电宝等小商品外，有些商家的赠品较大或者赠品金额较高。例如，买装修送汽车，购房送钻戒，买钻戒送家电。

赠品有以下4个特色。特色1是不以赚取商品差价利润为目的。特色2是大部分商品在京东、天猫、苏宁等国内知名电商有销售，可比价、性价比超高。特色3是赠品不乏一线品牌或明星爆品，例如美的、海尔、康佳、长虹、格力、茅台、五粮液、TCL、九阳、浪莎、罗莱家纺、天王表、施华洛世奇、双立人、阿玛尼、外交官箱包等。特色

4 是赠品设计的品类较多，涵盖家电、手机、百货、家居、箱包、食品酒水、汽车用品、美妆个护、运动户外、3C 数码等。

赠品成了免费的福袋，消费者在等待的过程中既兴奋又紧张，生怕漏掉任何一个生活给的小惊喜，有些消费者甚至"对东西不满意，但不想退赠品"。

资料来源：https：//www.sohu.com/a/309631615_120140894.

此外，作为社会公民，了解企业采用这些策略的消费者行为基础，也有助于在必要的时候，呼吁政府适时采取措施，引导、规范甚至限制那些有损整体社会利益的商业行为，净化社会的消费环境，进而提升整个社会的福祉。

1.2 消费者行为学研究的两个主要概念

本节讨论消费者行为学的一些学术概念，通过解读本书所阐述的研究结论的形成过程，进而帮助读者更主动地寻求和使用相关学术研究成果。消费者行为学的主要实证研究方法包括实验法、神经科学方法和计量统计方法。考虑到目前最主流的研究方法仍然是实验法，本节主要介绍实验研究法的一些主要术语。

实验法的两个主要概念是假说和假设检验。

1. 假说

假说（hypothesis）[①] 是有待证明的猜想、看法或者陈述。科学家的工作就是对现象作出了猜测（假说）并对其真伪进行证明。维基百科对假说的解释是对一种现象提出的解释，而该解释是否科学有待验证。在科学论文中看到的 H1、H2 等表述都是指假说。然而，在我国，H1、H2 也常被称为假设 1、假设 2，这是一种约定俗成的说法。

假说和假设常常令人很困扰。假设（assumption）[②] 通常也翻译为假定，是指被认为是真实的或肯定会发生的事，然而假设并没有证据。假设类似于数学中的公理，并不需要证明。科学家需要假设，从而建立大家共同讨论的基础，并在此基础上对重要的问题进行探讨。没有假设所约定的基础，科学往往无法进行。例如，在消费者行为学领域，

[①] 英语解释为 A hypothesis (plural hypotheses) is a proposed explanation for a phenomenon. For a hypothesis to be a scientific hypothesis, the scientific method requires that one can test it。

[②] 英语解释为 A thing that is accepted as true or as certain to happen, without proof。

科学家常常假设消费者只关心自己，决策制定的目标是个人利益最大化。消费者只关心自己显然并不是事实的全部，然而可以认为：这是消费决策的最重要的动机；如果不作出这样的假设，消费者决策目标过于复杂，则无法有效进行后续研究。通过假设在一个相对较小的范围内研究我们感兴趣的问题，随后逐步放开一些假设进而使得研究的背景逐步接近现实，从而使得研究结论更有解释力。

2. 假设检验

假设检验（hypothesis test）其实是假说检验，但为了遵守传统，仍然使用假设检验。科学知识集中体现为概念和概念之间的关系。为了探讨新知识，科学研究的核心和重点在于探索不同概念间的关系，而这样的关系在未被证实前都是猜想、看法或者陈述，需要被假说检验是否为真。为了验证这样的关系，科学家往往把概念转换为可以测量的变量。通过这些设计，要了解总体某个变量是否如我们的猜想，往往会从总体中抽取一部分对象来进行测量，被选中的部分叫作样本。样本同样有我们关心的某个变量，该变量的概率分布往往吻合一定的分布函数。当样本足够大时，根据中心极限定理，样本均值①的分布函数往往吻合正态分布。于是，可以通过观察样本的实际值和如果假说为真时根据分布函数计算的"正常值"之间的关系来判断假说是否为真。

我们来举个例子说明假设检验的主要流程。某家公司想调查某个地区青年男女的消费能力。其中必然包含一个需要回答的问题：青年男性和女性的收入是否相同？如果相同，那么青年男女可以看作一个群体；如果不同，则需要根据两个群体制定不同的营销策略。为了对青年男性和女性的收入是否相同进行判断，首先建立 H0 为青年男性的收入等于青年女性的收入，对应的 H1 即为两个群体的收入不相等。假设检验的思路是对 H0 进行验证，如果不能接受 H0 则接受 H1。

接下来，公司对该地区的男性和女性各随机抽样 40 人（当然二者的样本量可以不相同）。抽样后得到 80 个人的收入数据，并据此计算出三个统计量：男性平均收入（M1）、女性平均收入（M2）和总体平均收入（M）。一般而言，男性样本的平均收入不等于女性样本的平均收入，然而不能据此认为男性和女性收入不同。稍加观察可以发现，男性和男性之间收入有差异，不同男性之间、不同女性之间收入也有差异。因此，可以知道整体的收入差异（用每个人的收入和总体平均收入的离差来衡量，称为总离差）中包含三个部分：男性和男性的收入差异；女性和女性的收入差异；男性和女性的

---

① 在这里以均值为代表。事实上，还存在其他诸如方差、累积分布等人们通常感兴趣的变量。

收入差异。前两个部分被称为组内离差,第三个部分被称为组间离差,且总离差＝组内离差＋组间离差。于是构建统计量,计算整体的收入差异中三者的关系。如果"H0:青年男性的收入等于青年女性的收入"为真,那么总离差主要是由组内离差构成。用统计函数表述就是:构建包含组间离差和组内离差的卡方统计量。如果H0为真,则该卡方统计量应该较小。但是,当用样本数据计算得出来的卡方统计量较大时,如果抽样是科学的,即样本数据没有错,那么错的是H0,因此H0不能被接受,转而接受备选假说:即男性收入和女性收入不相等。上述流程即为基于方差分析的假设检验的大致思路。

客观上,假设检验得出的假说是否被证实的准确含义是:本次抽样得出的数据不能否定假说。然而,抽样总是有误差的。为此,如果许多研究者就一个主题多次研究均发现了类似的结论,那么该结论将被认为是正确的。

1.3 消费者行为学的研究内容

什么是消费者行为学?消费者行为学涵盖了很多方面,它研究个体或群体为满足需要或欲望而挑选、购买、使用或处置产品、服务、观念或体验所涉及的过程。消费者行为学也被认为是探讨消费者如何制定和执行其有关产品与服务的取得、消费与处置决策的过程,以及研究有哪些因素会影响这些相关的决策。因此,消费者行为学是研究消费者决策流程以及影响消费决策因素的学科。

1.3.1 消费者决策流程

试想以下一个决策流程。

(1) 张三工作了一天,下班路过小区门口的超市时,想起家中冰箱里自己喜爱的啤酒已经喝完,于是他决定进去购买一些。

(2) 根据自己的记忆,张三觉得青岛、雪花、燕京、百威、喜力和贝壳不错,而日清、凯狮和海特几个牌子好像听说还不错,作为备选。虽然他在超市还看到许多其他牌子,但是这些品牌他都没有听过,所以直接排除。

(3) 张三看到这么多自己喜欢的牌子,经过考虑决定购买雪花啤酒。

(4) 在张三决定购买雪花啤酒之前,他下意识掏出手机看看京东该款产品的价格。

张三发现，京东最近的促销力度更大，于是最终决定在京东上下单购买。

（5）张三发现，网络购买的雪花啤酒虽然包装上有"电商专供"字样，但是味道和实体店购买的一样，因此他对这次网络购物较为满意。

张三的上述购买过程就是一个完整的购物流程，它包含：问题认知、信息搜寻、评价选择、店铺购买与选择以及购后行为5个步骤。一个典型的消费者决策流程如图1-1所示。在忠诚购买的情况下，评价选择不会发生。

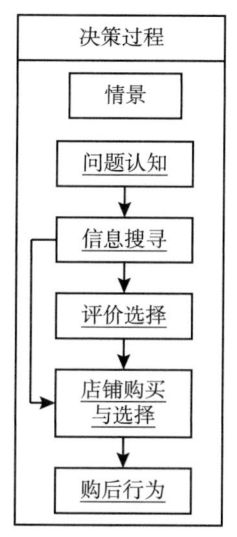

图1-1 消费者决策流程

1.3.2 影响消费者决策的因素

影响消费者决策的因素包含内部因素和外部因素两个部分。外部因素主要不直接影响购买决策，而是通过内部因素影响消费决策，如图1-2所示。例如，我国乘用车消费存在着人们更喜欢三厢汽车的文化，该文化是通过人们的态度、认知、动机等对消费决策起作用的。内部因素也会影响外部因素，然而这种影响不是针对某一个具体的决策而是总体性的影响，这一点在第5章进行介绍。

图1-2 内部因素与外部因素和消费者决策的关系

内部因素包括感知、情绪、学习和记忆、动机、态度、个性、自我和生活方式；外部因素包括家庭、参考群体、社会声望和人口环境。

在导入案例中，对消费决策有更多的了解会帮助小李更快更好地作出决策。例如，她可以用图1-1所示的流程分析自己决策的步骤，并优化自己的购买决策。在该案例中，小李并不清楚自己的决策选择。而在特定的情景下，小李的朋友采取了将两件衣服都购买的方案。事实上，如果更换一个情景，小李的朋友可能会给出不同的建议。

影响消费者决策的因素与消费者决策流程的关系如图1-3所示。

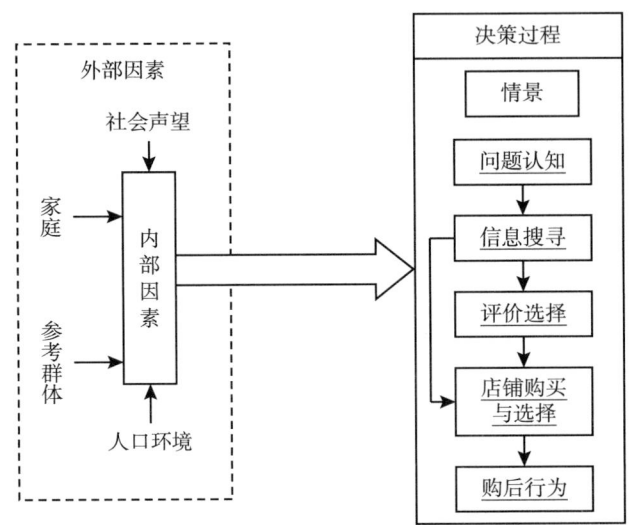

图1-3 影响消费者决策的因素与消费者决策流程的关系

本书以图1-3为框架。具体而言，首先分析决策过程及相关的决策理论，其次分析影响消费决策的外部和内部因素。第7章分析网络对该框架的影响。

📖 本 章 小 结

不管是社会个人还是企业的员工，都多少与营销工作有关，而消费者行为学是营销工作的基础。除了作为社会的人，作为个体的人也需要了解消费者行为学。

概念和概念间的关系构成了知识体系。消费者行为学科学研究的范式是在假设的基础上建立假说，并通过假设检验对其加以验证。

消费者行为学研究两个方面的内容：消费决策流程及流程中的每个步骤；影响消费决策的因素。其中，第二个方面内容是第一个方面内容的前导因素。

完整的消费决策流程包括5个步骤：问题认知、信息搜寻、评价选择、店铺购买与选择和购后行为,而所有决策都在情景中进行,即消费者在情景中对 5 个步骤进行决策。

影响消费者决策的内部因素包括感知、情绪、学习和记忆、动机、态度、个性、自我和生活方式;外部因素包括家庭、参考群体、社会声望和人口环境,外部因素主要通过影响内部因素来影响消费者决策。

☞ 关 键 术 语

消费者行为　　　　　consumer behavior
假设　　　　　　　　assumption
假说　　　　　　　　hypothesis
假设检验　　　　　　hypothesis test

习　　题

一、多选题

1. 学习消费者行为学的原因主要包括（　　）。
   A. 帮助制定更正确的营销管理决策　　B. 节省消费支出
   C. 帮助消费者了解自己的消费决策　　D. 提高消费幸福感
   E. 改善社会消费文化

2. 完整的消费者决策流程包括（　　）。
   A. 问题认知　　　　　　　　　　　　B. 学习搜寻
   C. 评价选择　　　　　　　　　　　　D. 店铺购买与选择
   E. 购后行为

二、思考题

1. 阐述假说和假设之间的关系。
2. 为什么在研究消费者行为时需要假设?

第 2 章　消费者决策流程

【教学目标与要求】

（1）掌握消费者决策的流程。

（2）了解消费者信息获取的来源以及不同信息的作用。

（3）把握消费者决策的模型，理解决策模型的含义。

（4）消费者为什么会产生购物的想法？

（5）产生购物想法后解决问题的流程是什么？

（6）消费者如何收集信息来帮助自己决策？

（7）消费者如何评价各个备选方案？

（8）顾客购买后的满意由什么因素决定，顾客满意和顾客忠诚之间的关系是什么？

（9）是否可以将消费者购买分为不同的类型？

（10）情景在消费者购物中的影响是什么？

【导入案例】

2020年7月20日，品牌评级机构中企品研（Chnbrand）在北京发布了基于三大行业224个品类的2020年（第六届）中国顾客满意度指数（China Customer Satisfaction Index，C-CSI）品牌排名和分析报告。报告基于消费者对要素满意度（产品、服务及品牌形象）、总体满意度和忠诚度三个方面的调查数据。

报告包含三个部分："C-CSI数据结果发现""品牌关系'进'化，机遇与挑战并存""品牌关系发展趋势与应对"。

调查发现，C-CSI平均得分为79.0分，比2019年高5.0分。与此同时，C-CSI平均分第一次超过美国和韩国顾客满意度平均水平。

在调查的224个品类中，中国品牌获得了67%的顾客最满意品牌。如果按照区域不同划分国内获得榜首的品牌，粤港澳有43个，京津冀有37个，长三角有32个；在国际品牌中，美国品牌有 27 个，欧洲品牌有 27 个，日本和韩国品牌有 16 个。

特别值得一提的是华为和海信。华为品牌在 7 个品类上榜并摘取其中 5 个品类的桂冠，在彩电品类中，海信电视以 82.2 分的成绩获得 2020 年 C-CSI 第一品牌，连续三年摘得 C-CSI 顾客满意品牌桂冠。

如果对比 2019 年和 2020 年连续调查的 214 个行业，其中 64.5% 行业（138 个）的顾客最满意品牌发生了变化。例如在创可贴品类中，云南白药超过邦迪成为顾客满意度最高的品牌。Chnbrand 认为这一结果说明了两个方面的内容。一是保持顾客满意度比以前更困难，消费者态度更容易改变；二是品牌失去最满意并非突然发生。例如，邦迪虽然连续四年是最满意品牌，然而在过去三年其满意度优势幅度事实是逐年下降的。

在代际的满意度差别方面，得分最低的是"00 后"和"90 后"，得分分别为 76.8 分和 78.2 分。而在地域差别方面，不同城市级别的消费者，需求满足感正在逐渐趋于一致。例如，虽然一线和新一线城市满意度最高（79.1 分），二三线城市的满意度得分低于一线城市，但是差距较小。而在收入的满意度差别方面，总体上收入越高满意度也越高。具体而言，高收入阶层、中收入阶层和低收入阶层的满意度分别为 80.3 分、77.7 分和 76.0 分。

调查报告提出了品牌和消费者关系进化的三大趋势：从"物质满意"向"精神满意"转换、从"浅层满意"向"极致满意"转换、从"参与者"向"投资者"转换。

资料来源：http://www.chn-brand.org/erji.asp?index=2.

以下将分析一个完整的决策流程，不完整决策流程作为完整流程的特例则较为容易理解。

2.1 消费者决策流程概述

2.1.1 问题认知

消费者每一天都面临众多的消费决策。有些是日常性的购买问题，只需要花费较少时间即可解决，如是否到某个门店购买一杯奶茶、是否打个滴滴出行等；有些决策则较为复杂，需要较多时间和精力，如是否应该更换新的手机、是否给小孩报某个兴趣班等或者是否买一个新款的包包等。消费者的需要有些会转变为最终的购买决策，有些则不然。

消费者会产生购物的认知主要来源于其生活的实际状态和理想状态的差距，当消费者认为的理想状态与其感知到的实际状态有差别时，便产生了问题认知。其中，实际状态来源于其对实际生活的感知；而理想状态来源于其对理想生活方式的盼望和期待。例如，张三希望晚餐有啤酒是理想状态，家里没有啤酒是实际状态。

在问题认知过程中，有一个重要的影响因素：消费者感知。消费者对其实际状态的感知和当前生活方式并不总是完全对应的，这包括两种表现：一是当前实际生活状态较好，但感知到的没那么好；二是实际当前生活状态在外人看来较为糟糕，但个体可能认为还不错。问题的确认以感知到的实际状态为基础。

如果差距确认，以下三个因素会影响到差距对问题的认知强度：问题重要程度、当时情境和差距导致不满或不便程度。问题越严重、认识到差距时的情景便于解决该问题引发的不满越强烈或者不便程度越高，消费者对问题的认知越强烈（见图2-1）。

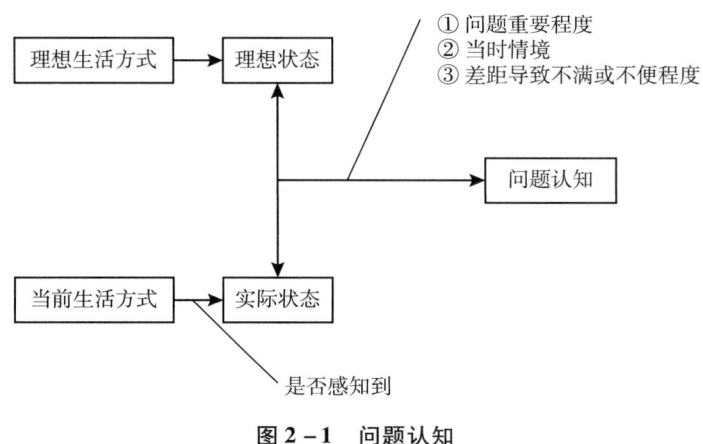

图2-1　问题认知

2.1.2　信息搜寻

信息是决策的基础。消费者认知到问题后需要收集信息帮助其进行决策。这些信息根据信息源的不同可以分为5种：经验信息、营销机构的信息、第三方机构的信息（如专业杂志和政府部门等）、个人性来源（如朋友、同事和家人等）以及过去经验和积累的来源。此外，信息源也常被分为内部信息和外部信息。我们可能会调动自己的记忆和体验等，搜寻解决方案，这些是内部信息，主要包括：已经收集到的信息、个人经验和低介入学习；外部信息则是指除个人以外的信息搜寻方式，包括营销机构、第三方机构的信息等。内部信息和外部信息都可以再细分为线上和线下来源。

消费者使用内部信息和外部信息的目的往往是不同的。内部信息主要帮助人们回答以下问题：①是否有现存的解决方案；②每种方案的特点；③应该如何比较这些方案。外部信息则主要帮助人们回答以下问题：①解决问题的合适标准是什么；②各种备选方案是什么；③每种备选方案在每个标准上的表现如何。

1. 信息搜寻的频率

如果信息是决策的基础，那么在信息极易获取的网络时代，人们是否会频繁地在网络上收集信息呢？一项历时 48 年（1955—2003 年）涉及两大类产品（电器和汽车）、四项专业服务、两个国家（美国和澳大利亚）的独立研究，根据消费者搜集外部信息的情况将其分成三类：①不搜集信息者；②有限信息搜集者；③大量信息搜集者。研究发现：将近 50% 的购买者实际上未进行外部信息搜集，近 33% 的人进行有限的信息搜集，只有 12% 的人在购买之前进行广泛的信息搜集。

消费者并不如我们所设想的那样大范围搜索信息的原因是：信息的搜集是有成本的。消费者不仅要付出诸如体力和脑力（如需要花费时间、精力、金钱）等直接成本，而且还有相应的机会成本。因为搜寻信息非常耗时，消费者往往不得不放弃许多其他想做的事情。总体而言，消费者是否会采取外部信息搜寻取决于其信息搜集的收益和成本的比较。收益往往包括更低的价格、更喜欢的品牌、更满意的款式、更吻合自己的产品质量和对购物选择更加满意。虽然对一部分消费者而言，信息搜寻过程中体力与脑力的付出本身就是一种回报或奖赏，然而大多数消费者搜寻信息是为了解决问题。

2. 信息搜寻的数量

对个体消费者而言，其信息搜寻量与其产品知识呈倒 U 型关系（见图 2-2）。当消费者产品知识较多或者较少时，信息搜寻量较少，产品知识中等时信息搜寻量较多。

消费者收集信息的内容与购物所处的阶段有关。在搜索早期（3~12 周之前），消费者泛泛地搜索；在购买前，信息搜寻以品牌为主。这意味着，消费者早期搜寻往往出于多个目的，而在后期则是为了进行比较方案。在所有的搜索动机中，经济因素是消费者进行网络搜索的关键动力，而层出不穷的浏览器插件和比较应用（App）进一步方便了相关的信息搜寻。

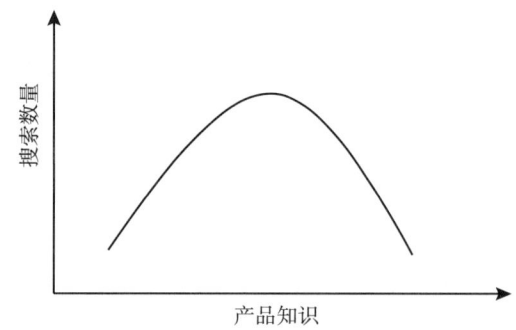

图 2-2　消费者产品知识与搜索数量的关系

值得一提的是，信息过载已经成为消费者信息搜寻时的一个重要障碍。人们需要能帮助其快速作出购物决策的选择，于是线上的网易严选、必要和唯品会等网站；线下的好市多、山姆会员店等应运而生。

3. 产品类型对信息搜寻的影响

消费者信息搜寻的结果是将所有品牌分为激活域、惰性域和排除域。激活域是指那些将会被考虑的品牌，惰性域是指那些后备的被选品牌，排除域是指肯定不选的品牌。消费者首先会在激活域中选择。以 1.3.1 节"张三根据自己的记忆觉得青岛、雪花、燕京、百威、喜力和贝壳不错……"为例，这句话的意思是青岛、雪花等 6 个品牌处于激活域；有些品牌，如日清、凯狮和海特等处于惰性域；其他品牌则处于排除域。

了解消费者信息搜寻、获取的路径对企业营销是非常重要的，因为当消费者不能搜索到本企业信息时，被消费者选择的概率是很低的。这也是流量在互联网早期如此受到企业重视的原因，因为流量是当时人们计算信息到达消费者的主要指标。然而，当更多人认识到流量并不等于消费者信息获取时，流量就不再那么重要。

2.2　消费者购买选择

消费者经过信息搜寻，形成激活域。以啤酒选择为例，如果消费者的激活域包括青岛、雪花、燕京、百威、喜力和贝壳，消费者会如何选择这些备选品牌？①

---

① 假设一个品牌只有一个产品进入备选。以上假设并不会失去一般性，因为对于同一品牌多个产品进行比较的情况可以将不同产品看作是不同品牌。

2.2.1 偏好及其权重调查

消费者是通过决策规则对备选方案进行判断的,而决策规则往往来源于消费者对产品的偏好。对消费者选择偏好进行调查的主要技术包括直接调查和间接调查。

直接调查通常直接询问消费者对产品的偏好,这一步往往使用封闭的选择题(如在众多备选的属性中选择)或者开放的填空题(如让消费者填写其认为重要的属性)方式进行。

间接调查主要是知觉图和投射技术。知觉图最常见的格式是二维图表,其中水平轴和垂直轴代表消费者在该维度属性上从低到高的表现。图2-3是快餐的一种知觉图,意味着消费者看重的是口味和价格。知觉图在二维以上通常是没有意义的。

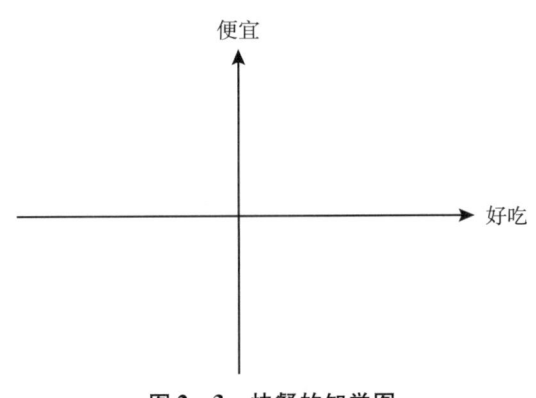

图2-3 快餐的知觉图

很自然的,知觉图维度上选择不同的属性会形成不同的知觉图。在知觉图中,常使用的属性通常包括价格、质量、性能、包装、尺寸、特征、安全性和可靠性等。如何得到消费者偏好的属性?一种方法是让消费者就所有激活域商品的相似度在不同维度上进行配对,然后对所有的商品都进行配对,那些大多数商品相似的维度就是消费者重视的评价标准。另一种方法是投射研究,其基本思路是人们往往会把自己的想法通过对另一个对象进行表达(投射)。投射研究通过设定情景,让被试解释其他消费者的行为,而解释的内容往往也反映了被试心中的动机、信仰、态度或情感,借此研究者就能了解到消费者的偏好。当调查的被试数量较多时,其得到的结果将较为接近消费者对该商品的偏好。由于要设定特定的情景,因此投射研究往往也叫作情景研究法。投射研究特别适合调查一些敏感或者被试不愿意直接透露的场景。

以 1.3.1 节介绍的啤酒为例，假设调查发现消费者张三对啤酒的偏好是口感、包装、产地、价格、原料种类和酒精含量。

如果需要作出决策，消费者还需要知道这些偏好的权重，即重要性。许多情境下，消费者往往不能明确阐述自己对各个偏好的偏好程度。然而作为从事市场营销的企业则需要了解消费者的偏好程度，这对于产品开发、消费者宣传和沟通都非常重要。了解消费者对不同偏好的权重可以使用直接测量和间接测量方法。直接测量主要包括恒和量度法和次数分布法，间接测量主要使用联合分析法。

恒和量度法是指对每一个标准赋权重，使得所有权重的和等于100；次数分布法则是让消费者首先说出最重要的一条标准，然后是剩下标准中最重要的，以此类推直到完成所有偏好的排序。

联合分析法是用于估计不同属性对消费者的重要性，以及不同属性水平给消费者带来的效用的统计分析方法。联合分析假设消费者对任何刺激物（在消费者行为中往往是商品或者服务），都是作为一组属性的组合来评价的。因此，联合分析法不是直接询问被调查者他们更喜欢产品中的什么，或者他们认为最重要的属性是什么，而是采用在"现实的"情境中，通过设计在不同属性上各种组合的具体产品，获得消费者对不同组合的偏好，进而计算各属性重要性的方法。

联合分析法的步骤包括：界定问题、构建调查刺激、选择方法、解读结果以及评估效度和信度5步。

假设某企业想调查消费者对啤酒的偏好。该公司通过初步调查发现消费者对啤酒的偏好在于口感、包装、产地、价格、原料种类和酒精含量。

在此基础上，营销人员在所有属性上设置3、2、1 这3个水平，例如价格分别为10元/500毫升、7元/500毫升和4元/500毫升的3个水平，其他的水平设置类推，见表2-1。

表2-1 啤酒的属性和水平

属性	水平	
	编码	描述
	3	柔和
口感	2	中性
	1	刺激

续表

属性	水平	
	编码	描述
包装	3	玻璃
	2	易拉罐
	1	塑料
产地	2	进口
	1	国产
价格	3	10元/500毫升
	2	7元/500毫升
	1	4元/500毫升
原料种类	3	小麦
	2	大麦
	1	大麦和小麦
酒精含量	3	10度
	2	8度
	1	6度

营销人员可以使用这些属性的不同水平构建刺激。构建刺激通常有两种方式：配对法和完整轮廓法。配对法是每次让调查对象评估两个属性，直至完成所有可能的属性评估。配对法对调查对象的判断更友好，但该方法需要调查的次数较多。完整轮廓法是对所有属性设置一个水平构成完整组合进而让消费者进行判断，见表2-2。

表2-2　　　　　　　　联合分析数据收集的完整轮廓法

属性	水平
口感	柔和
包装	易拉罐
产地	中国
价格	7元/500毫升
原料种类	小麦
酒精含量	8度

对于完整轮廓法，企业无须调查所有的组合，因为有些组合是明显不合理的。通过

消费者的选择结合所对应的属性的水平即可计算出消费者对不同属性的权重。由于该方法基于多个属性"联合"进行分析，因此也叫作联合分析。

假设调查发现，消费者对啤酒各属性的权重见表2-3。

表2-3　　　　　　　　　　　　啤酒各属性的权重

评价标准	重要性权重/(%)
口感	30
包装	5
产地	15
价格	20
原料种类	15
酒精含量	15
总和	100

在确定消费者偏好的权重后，消费者往往会对某产品在某属性上表现进行评分，例如"某某手机屏幕好"或者"某某手机系统流畅"。测量某产品在某属性上的表现常用的方法包括排序法、语意差别量表和李克特量表。

假设调查发现，各啤酒在上述属性上的评分及得分见表2-4。

表2-4　　　　　　　　　　消费者对产品属性的评分及得分

评价标准	评分及得分					
	青岛	雪花	燕京	百威	喜力	贝克
口感	5	3	4	2	4	4
包装	4	2	2	4	5	5
产地	4	3	5	4	4	4
价格	4	4	5	3	3	4
原料种类	4	3	3	4	4	5
酒精含量	4	4	3	3	3	2
总分	4.3	3.15	3.85	3.1	3.85	4.2

在表2-4的基础上，可以分析消费者的选择。消费者的选择总体可以分为补偿模型和非补偿模型。

2.2.2 补偿模型

补偿模型也叫费雪模型（Fisher model）。补偿模型顾名思义即为产品在一个属性上的表现可以补偿另一个属性上的不足，或者被另一个属性上的表现补偿，消费者看中的是最后的综合表现。

补偿模型可以用数学公式表达为

$$\sum = w_1p_1 + w_2p_2 + \cdots + w_np_n$$

其中，w_i 代表第 i 个属性的权重；p_i 代表消费者对某个产品在第 i 个属性上的评分；$\sum$ 则为某个产品得分的总和，消费者根据得分总额的大小来选择。

表 2-4 的最后一行即为补偿模型的计算结果，如果消费者根据补偿模型进行选择，那么将选择得分最高的青岛。

一个有趣的发现是，那些在各个属性上没有特别明显的优势但也没有明显弱点的品牌往往得分较高，这样的品牌常被人们称为"老好"品牌。

2.2.3 非补偿模型

非补偿模型即为产品不同属性之间的表现不能相互补偿。该模型可以细分为以下 4 个子模型。

1. 连接规则

使用连接规则模型进行选择时，消费者的主要工作为对每一标准设置最低水平，然后选择所有超过标准的品牌。同样以张三选择啤酒为例，其根据连接规则模型设定的选择标准见表 2-5。

表 2-5　　连接规则示例

评价标准	接受的最低较低标准
口感	4
价格	4
包装	1

续表

评价标准	接受的最低较低标准
产地	3
原料种类	3
酒精含量	3

根据该模型,在口感上青岛、燕京、喜力和贝克超过标准,在价格上青岛、雪花、燕京和贝克超过标准……最终,青岛和燕京因为在所有指标上都超过了设定的最低标准而被选择。对连接规则的含义进行概括就是:消费者将购买所有(或将首先购买)符合其认为重要属性标准的品牌。

2. 重点选择规则

重点选择规则和连接规则较接近,最大的区别是两者设定的标准值不同,即重点选择规则会设置一个更高的标准值,见表2-6。

表2-6　　　　　　　　　　重点选择规则示例

评价标准	接受的最低较高标准
口感	4
价格	4
包装	2
产地	5
原料种类	3
酒精含量	3

对比表2-5和表2-6可以看到,在包装和产地两个维度,重点选择规则的选择值都更高。因此,重点选择规则的含义是对每一个属性设置一个较高标准,超过即在接受范围之内。

虽然包装在重点选择规则中仍然为2,然而对啤酒而言,消费者并不特别看重该值。根据该规则,在口感上张三会选择青岛、燕京、喜力和贝克,在价格上张三会选择青岛、雪花、燕京和贝克……最终,燕京被选择。因此,重点选择规则的含义可以概括为:消费者将考虑所有(或首先购买)在任一消费者认为重要的属性上表现确实好的品牌。

无论是连接规则还是重点选择规则，为什么消费者首先比较的是口感和价格而非酒精含量或者原料种类？这一问题蕴含的思路是：消费者是否会对标准排序来比较？会的。以下介绍那些排序后进行比较的规则。

3. 按序排除规则

按照按序排除规则，消费者首先对标准排序，然后对每个标准设置接受的最低值，没有超过的排除。因此，这一规则可以看作连接规则加上排序，见表2-7。

表2-7　　　　　　　　　　　按序排除规则示例

评价保准	排序	删除值
口感	1	4
价格	2	3
原料种类	3	5
酒精含量	4	3
产地	5	3
包装	6	3

根据排序排除规则，张三首先比较口感，其次是价格、原料种类等，没有超过标准的品牌将被排除。最终，喜力被选择。一句话理解排序排除规则是：消费者将购买那个具有其他品牌所不具有的最重要属性的品牌。

4. 编纂式规则

在地产业，我们经常听到购买不动产最重要的是地段、地段和地段。编纂规则的含义与此类似，即消费者对属性排序，选择最重要属性表现最好的那个备选方案。如果最重要的属性上无法选择，则比较第二重要的属性，见表2-8。

表2-8　　　　　　　　　　　编纂式规则示例

评价标准	排序
口感	1
价格	2

续表

评价标准	排序
原料种类	3
酒精含量	4
产地	5
包装	6

根据编纂规则，消费者会选择青岛，因为青岛在口感上比其他品牌都好。因此，一句话理解编纂规则是：消费者将选择在对其而言最重要的属性上表现最好的品牌，如果有两个相等，则根据次重要属性选择表现最好的一个。

2.2.4 结果比较

按照不同的比较规则，张三将得到不同的结果，见表2-9。

表2-9　　规则选择结果对比

消费者的选择	选择规则	选择结果
补偿模型	费雪模型	青岛
非补偿模型	连接式规则	青岛、燕京
	重点选择规则	燕京
	按序排除规则	喜力
	编纂式规则	青岛

从表2-9可以看到，消费者根据不同的模型会得出不同的结果。然而，无论消费者采用哪种规则，以下两点是共通的：①消费者选择时无论是基于属性比较不同的品牌，还是基于品牌比较属性，其比较的基础都是属性，即消费者对商品的偏好；②每个消费者都有比较规则，虽然其并不一定意识到。

2.3 购后行为

消费者购后一般会有许多行为，包括使用、评价、传播甚至售后服务。消费者使用商品后也伴随着对商品的评价。在这些行为中，有两种行为较为关键：顾客满意和顾客忠诚。它们之所以重要是因为其都与消费者的再购买有密切的关系。

2.3.1 顾客满意

虽然面临许多争议，但顾客满意仍然被广泛接受的界定是指顾客在消费后对产品或服务的感知和期望的比较，可以将其用公式表示为

$$顾客满意 = \frac{感知表现}{顾客期望}$$

例如，对网络购物顾客满意度的研究发现，消费者感知到的购物网站服务质量和顾客自身对网站的期望共同决定了消费者对购物网站的满意度，而网站设计特色对网络购物满意度并没有显著的影响。那么，消费者是如何感知网站服务质量的呢？网络安全性、价格优势和产品质量保证是影响感知质量最为重要的因素。

根据顾客满意的公式，自然得出表 2-10 所示的结果。

表 2-10　　　　　　　　　　　期望、绩效与顾客满意

相对于期望的实际感知	顾客满意的结果
更好	满意
相等	非满意非不满意
更差	不满意

根据表 2-10，企业产品的绩效表现大于其期望，消费者就会满意；对那些感受到远超过其期待的会非常满意。对企业而言不得不面对的一个问题是，对消费者而言，无论产品的表现如何，其感知到的质量都会下降。试想你第一次用某款洗发水和多次用后的效果，第一次效果往往最好，后面感知到的质量一直在下降。因此，对于那些刚开始顾客满意度水平较高的企业（$p_1 > e_1$），维持顾客满意是困难的：感知质量在下降，而顾客期望因为消费经验却在上升。而对于那些开始时顾客不满意的企业（$p_1 < e_1$），如果顾客持续消费，其期望值会下降而感知质量下降的速度略慢。因此，如果消费者长期消费商品，最终的结果都是 $p_n > e_n$。

当然，对顾客满意度高的企业而言，有利的方面在于两点：一是对于那些顾客不满意的企业，其再次消费的概率是较低的，因此上述的分析是基于假设而非事实；二是在

消费者没有不满意时，其更换服务供应商的可能性也较低。那么什么情况下消费者会不满意？一项以服务为主要调查内容的研究给出了结论，见表2-11。

表2-11　　　　　　　　　　　　服务不满意原因

类别	具体表现	比例（百分制）
核心服务错误	错误订单、服务核心内容失误（例如理发师水平失误）等	44
服务不周	态度冷漠、专业技能不足、不负责等	34
价格问题	高价、涨价、价格歧视或价格欺诈	30
渠道不便利	不方便的地址、营业时间、等待或预约时间过长	21
对服务失误的应对	态度消极、不作为、不情愿地回应	17
道德伦理	失信、恐吓、危害安全或健康	7
被动转换	其他服务商导致的迁移	6

消费者不满意时不一定采取行动。如果顾客不采取行动，通常会伴随对品牌甚至购物商家或平台的负面态度；如果采取行动，则通常包括向购物的商家或者品牌企业投诉、向政府或者其他机构投诉、不再购买、负面口碑传播甚至法律诉讼。不满的程度、采取行动的便利性和成本等都会影响到顾客是否采取行动。

除了向购物的商家或者品牌企业投诉，顾客采取的其他行动对企业是不利的。当顾客向购物的商家或者品牌企业投诉时，事实上是顾客给企业改正错误的机会。一方面，绝大多数顾客并不会抱怨；另一方面，当顾客抱怨后，如果企业妥当处理，该顾客往往会成为忠诚顾客。因此，"会抱怨的顾客是好顾客"。

当顾客不满而又"不采取任何行动时"，其结果往往比采取行动更为糟糕。原因之一是因为顾客不会不采取行动，只是企业很难了解或者不了解顾客的行动。原因之二是不满意顾客可能会传播负面口碑。日本餐饮业专家大久保一彦认为，一个不满意的顾客会把他的经历告诉33人。虽然不满意的顾客会将自己的经历告诉多少人在不同行业一定是不同的，即其他行业的负面口碑传播的人数是否也是33人都尚待更多的确认，然而不满意的顾客会将其经历传播给其他人是不争的事实。原因之三是如果消费者购买的是耐用品而感受到不满时，其不再购买该产品的概率是54%。自然地，我们相信这一方向性结论也适用于非耐用品。

在导入案例中，中国品牌的顾客满意度在逐步提高，这是企业发展到一定阶段的必然结果。

此外，那些致力于提高顾客再购买的企业应该鼓励顾客在不满意时采取向购物的商家或者品牌企业投诉的行动。

2.3.2 顾客忠诚

顾客满意不是企业的目标，顾客忠诚（customer loyalty）才是。企业关注顾客满意是因为很长时间以来，顾客满意被认为是顾客忠诚关系最大的指标。

顾客忠诚的提高对企业利润的提高有非常直接和明显的效果。倍恩公司的雷切德和哈佛商学院的萨塞尔所做的关于顾客维系的研究计算了在顾客背叛率降低5%的情况对公司利润的影响，见表2-12。

表2-12 顾客忠诚对企业利润的影响

行业	利润增长/（%）
邮购	20
汽车维修连锁店	30
软件	35
保险经纪	50
信用卡	125

顾客忠诚早期在欧美被称为再购买，该词形象生动地概括了人们对它的期望。有学者认为连续3次购买就是顾客忠诚。受此思路的启发，许多企业开发了诸如消费积分、累计消费返利等行为，目的都在于鼓励顾客重复消费。然而，许多情况下，消费者之所以再次购买可能是没有选择或不愿意承担更多成本，而非真的对企业忠诚。例如，对超市而言，顾客在不满意的情况下，其再次购买的比例仍然较高，这是因为换超市购买生活必需品往往太麻烦，成本较高，但这样的顾客显然不能称为忠诚顾客。

（1）顾客忠诚和品牌忠诚。理论界和实业界都逐步发现，忠诚不能只停留在行为层面，还需要有正面态度。人们把重复购买称为行为忠诚，而把顾客对企业的喜爱称为品牌忠诚。

如图2-4所示，只有品牌态度高、重复购买也高的顾客才是真正的忠诚顾客；只有重复购买而没有态度忠诚的是虚假忠诚；那些对企业品牌喜爱但不重复购买的消费者则很可能是潜在顾客，他们是潜在忠诚。没有行为忠诚的态度忠诚不会给企业带来经济利益，而没有态度忠诚的行为忠诚要么难以持续，要么维系成本很高。

图 2-4　顾客忠诚和品牌忠诚关系

（2）钱包份额。既然品牌忠诚主要探讨顾客重复购买同一品牌产品的一致性，人们逐渐认识到如果一个顾客对一个品牌忠诚，那么其"某一个产品上花费的钱占其类似总开销的比率"应该较高，这指的是钱包份额。

如果用品牌的转换来刻画钱包份额，可以将其细分为 5 个类别：完全忠诚（undivide loyalty）、偶然变换者（occasional switcher）、转变忠诚（switched loyalty）、分割忠诚（divided loyalty）和品牌冷漠（indifference），见表 2-13。

表 2-13　　　　　　　　依据钱包份额来划分品牌忠诚

类型	消费的品牌									
完全忠诚	A	A	A	A	A	A	A	A	A	A
偶尔变换者	A	A	A	B	A	A	A	C	A	A
转变忠诚	A	A	A	A	B	B	B	B	B	B
分隔忠诚	A	A	A	B	B	B	A	A	B	B
品牌冷漠	A	B	C	D	C	A	D	E	A	C

在表 2-13 中，A、B、C 和 D 分别代表顾客购买的品牌。例如，偶然转换者是指顾客多数情况下购买 A 品牌，只是偶尔购买 B 和 C 品牌。品牌冷漠是指消费者在品牌偏好上并没有固定的规律。

（3）总结。一般而言，忠诚的顾客通常有以下 5 个方面的表现。

①时间维度，即忠诚顾客通常会在较长时间内不断关注、购买企业的产品或者服务。一次、两次……十次或者较短时间重复购买的顾客可能并不是忠诚的顾客。忠诚顾客是针对较长时间购买的顾客而言。当然，不同行业的长期标准会有差别。

②顾客态度，包括：顾客对企业的信赖、顾客对产品质量问题的态度和顾客对待竞争品牌的态度。忠诚的顾客通常对企业较为信赖，当企业出现产品伤害危机时会信任企业的处理方式，而对竞争对手的促销等措施反应冷淡。

③顾客重复购买率，即顾客多长的时间内重复购买次数，该维度是从企业经营的产品品种的角度考虑重复购买，每个企业可能有所不同。显然忠诚的顾客会在一定时间内重复购买。

④挑选产品的时间。一般而言，忠诚的顾客在挑选产品时所使用的时间较短，不会反复比较；而不忠诚的顾客则会花费较多时间来比较和判断。

⑤购买费用，该维度主要从顾客钱包份额角度判断顾客对价格的敏感程度。一般而言，忠诚的顾客对价格较为不敏感，更愿意为其忠诚的品牌支付高价，且较少比较不同品牌之间的价格。

一个完美的忠诚顾客通常是这五个方面的完美结合。有些欧洲足球俱乐部的会员会几代人坐在差不多相同的位置看同一个球队的比赛；他们总是谈论自己喜欢的俱乐部，对俱乐部的行为了如指掌；他们购买俱乐部的套票、球衣、球帽和围巾等边缘产品，当俱乐部出现危机时也会信赖俱乐部；他们购买俱乐部产品时并不比较，甚至会出现排队购买俱乐部的套票；他们对竞争对手的营销策略置若罔闻……他们是忠诚顾客的范例。那么，哪些因素对顾客忠诚会有正向的帮助？

2.3.3 顾客忠诚的影响因素

顾客忠诚包括两个维度：态度忠诚和行为忠诚。其中，满意、信任和情感联系是顾客态度忠诚的影响因素；习惯和转换成本、减少选择和交易历史是顾客行为忠诚的影响因素。

1. 态度忠诚

（1）顾客满意。在企业界，许多顾客忠诚计划都是以顾客满意为中心而设计。可能接到过企业的顾客忠诚的调查电话，然而如果仔细分析电话内容，则会发现这些顾客忠诚调查的内容主要都是有关顾客满意的。

事实上，顾客满意确实是促使顾客忠诚的重要因素。顾客不满意时其忠诚度通常也较低。不过，这样的关系在正面时并不那么自然：顾客满意并不必然给企业带来相应的顾客忠诚。在2020年C-CSI调查报告中提到："消费者不满意就不买；同时满意也不一定能够带来销售的增长"①。事实上，只有非常满意才会导致顾客忠诚，而一般满意对于顾客忠诚的意义有限。随着顾客满意程度的提高，顾客的忠诚度会提高，但这种关系并非线性增加。只有非常满意的顾客才会自然地成为忠诚顾客。然而，非常满意是很少见的。相同行业的企业之间相似度越来越高，顾客期望值也越来越高。

在顾客的非常满意和不满意中间存在一个被称为"满意容忍带"或"公差带"（zone of tolerance，ZOT）的中间地带，如图 2-5 所示。满意容忍带是指顾客对产品的感知范围介于期望标准（desired service expectation）和适当的服务（adequate service expectation）之间。期望标准是顾客希望获得的服务水平或者顾客认为应该得到的东西。当企业的绩效高于该水平，顾客会非常满意。而适当的服务是"顾客将接受的服务水平"，低于该水平，顾客将不满意。介于这两者之间的则为满意容忍带，处于此区间的顾客是满意的顾客。处在满意容忍带的顾客，其满意度与忠诚度关系曲线上有一段较为平缓的上升区域，超过该区域后顾客的满意度和忠诚度才呈现出近似线性的特征，即顾客忠诚度会随着顾客满意水平的提高而迅速形成。

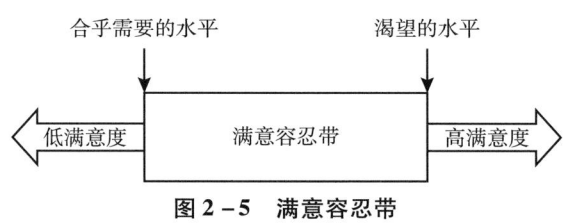

图 2-5 满意容忍带

施乐公司在 1987 年统计该公司顾客满意度和再购买关系发现，如果满意度用 1~5 来刻画，1 为完全不满意，5 为完全满意，当有竞争对手出现时，满意度为 4 的顾客转化品牌的可能性是满意度为 5 的顾客的 6 倍。而一项以国内民航、移动通信、医院、银行、宾馆五个行业的 13 个企业进行实证研究发现，顾客满意是顾客忠诚的重要影响因素，而其他因素还包括服务公平性、服务质量、顾客与企业之间的友谊、顾客的信任感和归属感。

顾客满意不仅影响顾客忠诚，还能降低企业的成本。虽然顾客满意不一定直接导致顾客忠诚，然而顾客满意会降低企业的未来销售成本，该销售成本包括佣金、营销费用、广告费、运费和坏账费用。

（2）信任。信任是指一方有信心可以依赖另外一方。如果企业想与顾客建立长期

---

① http：//www.chn-brand.org/erji.asp？index=2。

关系，所付出努力的最早期目标之一应该包含信任。

企业如何获得顾客信任？信任方程式给出了参考。信任方程式为

$$信任 = \frac{信誉度 + 可依赖性 + 亲密性}{自我导向}，即 T = \frac{C + R + I}{S}$$

信誉度（credibility）主要关注语言角度，其主要含义可以从两个方面理解：一是顾客感知到企业是否有足够的专业知识和经验；二是顾客是否相信企业所说的。用一句话形容信誉度可以表述为"我可以信任企业所说的……"。可依赖性（reliability）主要讨论行为，其含义包括三个方面：一是企业是否传递了一致性；二是企业是否信守诺言；三是顾客是否认为企业的行为有可预测性。用一句话形容可依赖性可以表述为"我可以信任企业所做的……"。亲密性（intimacy）是指当顾客把某件事委托给企业时所感到的安全感。顾客可能会说，"我可以把这些信息告诉它；它以前从未违反过我的保密规定，也绝不会让我难堪"。自我导向（self-orientation）是指企业的焦点，即企业的注意力，是否主要集中在自己身上还是顾客身上。顾客通常会有以下表达，"我不能相信企业的这桩交易……我认为企业对我不够关心，而只专注于从中得到什么"或者"我不信任企业——我认为该企业过于在意表面功夫，并没有真正关注顾客"。

从信任方程式可以得出两个结论：①企业的能力和态度对获取顾客信任缺一不可；②企业的自我导向非常重要。

研究发现，当顾客抱怨企业而企业应对良好时，该顾客成为忠诚顾客的可能性甚至高于一开始满意的顾客。事实上，当顾客抱怨而企业积极解决时，顾客相信企业不是只想赚钱，它还关心顾客，因此顾客对企业自我导向的认知度高。

（3）情感联系。从长期来看，顾客忠诚需要企业和顾客之间的情感纽带联系。对顾客忠诚有帮助的情感纽带包括：舒适、亲和力、好感和认同。好感和认同较易理解，而舒适和亲和力较容易被忽略。

舒适是顾客对企业服务的担忧得以缓解，而且对于服务提供商感到平静和安稳的感受；亲和力是指企业使消费者亲近或愿意接触的力量。

企业与顾客建立情感联系的主要方式是员工与顾客的个人联系。员工与顾客公事公办是做生意，而个人的接触则是情感联系。员工与顾客个人联系的主要方式包括：非动作信号、友谊和人际互动等。研究发现，如果公司一线销售和服务人员以及顾客之间使用情感信息越相似，顾客更容易感受到满意。正如导入案例中品牌和个人关系发展中所提到的那样，消费者的满意已经从"物质满意"向"精神满意"转换，消费者"倾向于在体验中融入更多由品质、愉悦、美好和健康带来的精神满足感，并对此有持久消费意愿"。

2. 行为忠诚

行为忠诚是企业期待的结果，没有行为忠诚的态度忠诚缺乏经济价值。影响顾客的行为忠诚包括以下3个因素。

（1）习惯和转换成本。习惯是导致顾客不轻易转变品牌的关键。对消费者而言，习惯意味着舒适，改变习惯意味着增加转换成本，例如时间、金钱和风险。

顾客转换成本主要包括：程序转换成本、财务转换成本和关系转换成本。程序转换成本包括经济风险成本、评估成本、学习成本和新关系的建立成本；财务转换成本包括金钱损失成本和利益损失成本；关系转换成本包括个人关系损失和品牌关系损失。

设计优秀的转换成本对维持顾客行为忠诚的效果显著。随着消费经验的增加，许多消费者都有这样的认知：首先，世界上没有完美的事情，企业的产品都有缺陷；其次，顾客与企业的关系度过"蜜月期"后都会平淡，因此换企业很可能会重复这个过程；最后，产品"如果没有坏就不要去修"，更不要说更换供应商。

以手机为例，虽然有"移机助手"等应用，但是用习惯iPhone的消费者要将自己的所有资料转移到安卓系统的手机仍然是一件困难的事情。同样的，用习惯安卓系统的消费者想要感受iOS系统的手机也会有所担心。

（2）减少选择。早在信息暴涨的互联网时代来临之前，人们就发现消费者有减少选择的自然倾向。米勒（Miller）在文章《神奇的数字7±2：我们信息加工能力的局限》[①]中对人们的短期记忆能力进行了量化。他发现，年轻人的记忆广度大约为7个单位，例如阿拉伯数字、字母、单词等。虽然后续的研究发现，阿拉伯数字大致为7个，字母为6个，单词为5个，而更长的内容记忆广度会更小。但该研究说明人没有那么大的"带宽"来处理同一个商品超过7个以上的信息。

因此，对企业而言，减少顾客的选择并不会让消费者有多不快。例如，好市多（Costco，或称开市客）公司每个品种的产品通常只有两三个选择，然而消费者对其喜爱有加。

减少消费者选择事实上减少了竞争对手被发现和选择的概率，这对维持行为忠诚有较大帮助。我们可能都看到超市里宝洁（P&G）公司的商品占据了长长的货架，而寻找其竞争品牌的商品需要花点力气，有时候甚至可能根本就找不到。

[①] The Magical Number Seven, Plus or Minus Two: Some Limits on Our Capacity for Processing Information, 1956年发表于《心理学评论》(The Psychological Review)。

(3）交易历史。顾客忠诚需要从时间维度考虑。交易历史对顾客在三个方面有意义。首先，交易历史意味着习惯，习惯有益于维持顾客的行为忠诚。其次，许多情况下信息、信任、企业资源等会在代际之间产生影响，而这些需要交易后才能产生。例如，上海商品比较精致、广东商品比较务实、东北商品厚道，这些信息和信任被许多人认同，并代代相传。最后，服务体验、投诉和抱怨也影响着忠诚，显然体验、抱怨和投诉都需要一定的交易历史后顾客才能体会。

2.3.4 消费者分享

在网络时代，消费者分享信息变得更加容易。那么消费者分享意愿受到什么因素的影响？最新研究发现，消费者是否愿意分享受到消费后对商品态度的影响。具体而言，消费者对品牌的态度与品牌分享之间呈曲棍球棒型关系。之所以这样是因为：持积极态度的人比持中立态度的人更倾向于分享自己的观点，而持消极态度的消费者比持中立态度的人虽然因为存在发泄欲望而增加分享，但同时又因为厌恶批评他人而不愿意分享。

2.4 购物介入程度

消费者购物不一定都有5个步骤，什么因素决定消费者决策的类型？是消费者购买的介入程度（purchase involvement）。消费者购买类型依据其介入程度不同可分为：名义型购买（nominal decision）、有限型决策（limited decision making）和扩展型决策（extended decision making）。

消费者购买的介入程度是指消费者对决策过程关心、感兴趣或投入的程度。消费者购买的介入程度常与产品介入混淆，然而前者讨论对象是购买决策，后者则关注产品本身。有些消费者对手机各个品牌优缺点非常了解，甚至会给他人推荐商品（产品介入高），然而其自己购买则可能非常简单（消费者购买介入低）。总体而言，购买介入是消费者的一种购买状态，是个人、产品、情境特征相互作用的结果。

2.4.1 名义型购买

消费者购买介入程度最低的是名义型购买，也常被称为习惯型购买，其决策机制为：问题确认、内部搜索、找到备选方案、选择和购买。一般而言，名义型购买没有购后评价，只有当该次消费未能达到预期效果时，购后评价才可能产生。

品牌忠诚型决策和习惯型购买决策是名义型决策的典型表现。我的一位大学老师说"我们家这几年一直在买××牙膏，我们是××的忠诚顾客"。这位老师表达的其实是他对其他牙膏品牌的关注度低，购买的介入度也低。许多消费者在选择食盐、啤酒、香皂和口香糖等商品时更多是一种习惯性购买，甚至可能是在柜台结账前随手的行为。这些选择并不涉及太多的信息搜索、方案的评估和比较。

2.4.2 有限型决策

有限型购买决策的购买介入高于名义型购买。假如王先生在超市买啤酒，在超市货架上看到了雪花和青岛（备选方案一般不多），他顺手各拿了一瓶比较。在王先生心目中，"雪花好像要淡一点"而"青岛好像有点德国啤酒的味道"，但王先生并没有从自身经验和知识以外的地方搜索相关信息（信息的搜集主要来自内部，较少进行外部信息搜集）。虽然王先生可能在买雪花或青岛上有所犹豫，但一般不再考虑其他品牌。王先生依据某条规则选择了雪花啤酒（选择规则较简单）。可以预期，王先生对这次购买也不会主动评价。

有限型购买决策的特点是：内部信息搜集或者有限的外部信息搜集，评价属性少、评价规则简单、备选方案少，一般无认知冲突或者有限评价。

有限型决策在问题认知上和名义性决策较为接近。此外，情感性需要或环境性需要也可能产生有限型决策。以情感性需要为例，消费者可能会因为对现有品牌产生疲倦感，单纯为了尝鲜或者出于好奇而购买其他品牌。对于环境性需要，设想几个人在一起购买奶茶，消费者很可能会通过观察周围朋友甚至旁边不认识的其他顾客的消费来决定他该购买什么。

2.4.3 扩展型决策

扩展型决策的购买介入度高于名义型和有限型决策。例如，李先生家为了自己小孩上学方便，最近准备购买一套学区房。他不仅自己思考什么样的房子最适合自己，还向自己中意的学校所在的中介机构广泛咨询，并形成了一个包含5个房源的备选方案。在采用连接规则、重点规则、排序排除规则、费雪规则等进行分析后发现结论并不相同。在经过长期考虑后，李先生最终选择"排序排除规则"选择了其中一套二手商品房。

然而，当李先生入住后发现有些方面并没有达到自己的期待，并一度怀疑自己的选择。

扩展型决策通常有以下特点：一般会有广泛的内、外部信息搜集，备选方案较多，决策机制较复杂。购买商品后，消费者往往会怀疑自己的决策是否正确。由于扩展型需要较多决策资源，因此消费者通常只在商品房、汽车、保险和个人电脑等重要商品的决策上才会采用。

对购买正确性产生的怀疑引发对购买的全面评价。相对而言，达到如此复杂程度的决策并不多。然而，在诸如房屋、个人电脑、昂贵的手机和家庭保险等产品的购买上扩展型决策比较多见。

2.5 情 景

在分析有限型决策时讨论到一个案例，"消费者很可能会通过观察周围朋友甚至旁边不认识的其他顾客的消费来决定其本次购买的商品"。我们把依赖时间和地点，与刺激物和个人无关，对消费者行为具有影响的因素叫作情景。情景对消费决策的重要意义在于：消费者不会对企业呈现的刺激物孤立地作出反应，而是对刺激物和情景同时作出反应。

对消费决策而言，五种决策环境较为重要：物理环境（physical surroundings）、社会环境（social surroundings）、决策时间（temporal perspectives）、购买任务类型（task definition）和消费者的先前状态（antecedent states）。

2.5.1 物理环境

物理环境包括装潢、音乐、香氛、灯光、天气以及可见的商品形态或其他环绕在营销对象周围的有形物质。物理环境对零售企业的销售影响较大，因此许多企业甚至将员工的服饰也纳入考虑因素。然而，有关物理环境的研究结论让人感到困难，因为虽然研究结论众多，但缺乏统一的结论。

（1）颜色（colors）。虽然红色常常给人热烈的感受，能引起消费者的注意，然而红色对有些消费者而言也意味着紧张甚至引发反感。冷色调，例如蓝色，往往能让人感觉到清凉和平静，但是它们普遍缺乏视觉冲击力，难以激发兴趣。

（2）香氛（aromas）。虽然香味正成为许多企业小心翼翼增加物理环境吸引力的方法，然而香氛对零售环节的作用仍然不明晰。一方面，香氛会导致部分人过敏；另一方面，对一部分人而言清新愉悦的香味却可能招致另一部分人的反感。总之，香氛是极个性化的，因此企业要选择让顾客愉悦的香氛总是困难重重。

（3）拥挤状态（crowding）。消费者对过分拥挤的购物环境评价不好，因为该环境容易让人感受到压抑感。那么，企业应该尽量减少这种拥挤感吗？非常困难，因为大部分消费者光顾零售企业的时间都比较接近。此外，高昂的运营成本也不允许零售企业这样做。

（4）音乐（music）。音乐对消费行为的影响较明确。慢节奏音乐让消费者放松，快节奏音乐会自然加快消费者的购物，而古典音乐常被用来传达深刻以及能令人深思的含义。此外，高音的音乐（例如更轻、更高的音乐）往往引起道德感知，进而引发更多的健康选择（例如选择更健康的食物）。

2.5.2 社会环境

社会环境是指消费过程时有当事人之外的人在场的环境。消费者一个人吃饭和与他人聚餐时点的饮品一般不同，甚至消费者和同事聚餐以及与同学聚餐时的酒水也会有差别；消费者去上学和去上班的穿着不同，去参加朋友的婚礼和亲戚的婚礼的穿着可能也不同。每个人都深受别人的影响，因此社会环境对消费者而言非常重要。

社会环境在消费上的作用在于：消费者通常倾向于吻合别人的预期，尤其是该购物具有可见性时。由于许多商品或品牌都具有高可见度，因此社会环境对消费者决策具有较大影响。社会环境对那些看重其他人意见的消费者影响更明显。

我们是如何受到其他人的影响？如果可能，我们希望取悦别人，至少不冒犯别人。因此，许多人在社会环境下购物会更多样性购买，因为这样会传递出开放、多样性等较好的形象。此外，有些商品的销售可能会导致尴尬，对这些商品而言，能否减少顾客的尴尬至关重要。

2.5.3 决策时间

时间对现代人而言是一个硬性约束，因此时间自然影响消费者行为。这种约束一方面，因为无论顾客的财富、地位、性别还是年龄如何，大家最平等的是时间；另一方面，现代社会的人普遍感受到，自己可以支配的时间越来越少了。

时间的这种约束对消费者的影响主要表现在三个方面。首先，节约时间的商业形态和商品会被大量选择。消费者购买洗衣机、微波炉、汽车、飞机、高铁等商品在相当程度上是因为它们可以节约时间。其次，它改变了人们对购物场合的选择。虽然现场购物能所见即所得，然而人们可以任意选择购物时间，不需要为了购买任何商品都去卖场，这对现代人而言意义重大，因此网络购物大受欢迎。最后，人们花在购物上的时间更少。不论经济状况如何，人们花在收集信息、比较商品上的时间都会下降。

2.5.4 购买任务类型

消费者购物的动机主要由其购买任务决定，而购买任务可以分为是自己使用还是购买礼品。即使购买一样的产品，自己使用还是作为礼物，消费者的决策机制是不同的。

赠送礼品对送礼者和接受礼品者都不是一件普通的事情，否则就不需要送礼。送礼必然代表着不一样的含义，主要可以包含三个方面的含义。

（1）透过价格表达尊重。送礼一定包含对对方的尊重，然而如何衡量尊重的程度？这主要由礼物的价格决定。

（2）同样的价格的不同礼品具有不同的功能和形象含义，借此通常传递出接受礼品者在送礼者心中的形象与个性。这里隐含的意思是，人们会送那些和接受礼品者形象与个性相同或相似的礼物。

（3）礼品的性质表明送礼者希望与接受礼品者建立的关系类型和深度，尤其是礼物有多次往来时更是如此。

礼品市场在我国是一个大市场，且近年来保持较高增长。"2018年，全国礼品行业市场规模达到1.12万亿元，我国礼品行业市场规模的复合增长率约为8.06%"[①]。消费者送礼的原因是多方面的。我国是礼仪之邦，礼物是礼节性需要。此外，在爱和关心的表达、寻求对方的帮助、向对方表达感谢等场合也常常会送礼。

2.5.5 消费者的先前状态

设想这样一个场景，工作忙碌一天后非常疲惫，消费者走进便利店去购买晚餐。如果只有蔬菜沙拉和蛋糕可以选择，消费者更愿意选择哪一个？大多消费者会选择蛋糕。

---

① http://www.chyxx.com/industry/202001/830704.html。

显然这样的状况不是长期存在的，更可能是偶尔产生。先前状态是指情绪或者短暂的条件等非持久性的个人特征，主要包括心情和暂时性条件。

心情通常是程度较低的情绪。消费者一般会用好心情或者坏心情的二分法来区分自己的心情。心情会影响消费决策过程。心情好和心情不好时的动机、信息搜寻、决策原则等均会不同。例如，如果看电影，心情好的时候和心情不好的时候选择的电影类型通常会有区别。正面、积极的心情更容易冲动购物；负面心情也会冲动购物，但购物的商品类型往往会不同。另外，我们对商品和服务的绩效表现、接受服务的耐心等都受到心情的影响。

暂时性条件包括身体疲劳程度、健康程度和资金的类似状况等，它们往往也是暂时的。例如，四川地震后，许多消费者变得更愿意消费，有些消费者变得更节约，但不管如何，地震都改变了人们的消费观点。同样的情况也发生在 2020 新冠肺炎疫情期间。君迪 3 月发布新冠肺炎疫情对消费者购车意愿影响调查报告，疫情激发了部分消费者的购车热情。"在原本就有购车计划的受访者中，1/4 明确表示将提前购车"[①]。而如果某位消费者家庭因为拆迁、发奖金等原因经济状况暂时的改变也会改变其消费行为。企业无法掌控消费者的先前状态，甚至不能影响，但企业需要了解和跟踪。

2.6 决策类型

2.6.1 替代指示器

无论是补偿模型还是非补偿模型，消费者都需要对其偏好有准确了解，并据此评估各个备选方案。然而，有三个方面的因素导致消费者不一定能做到这些。一是评价标准的相对重要性。假设消费者的评价标准是不变的，然而评价标准的重要性会根据使用情境、竞争态势和广告等而变化。新的信息可能随时会改变消费者的评价标准，消费者自己甚至都未能察觉。二是个体判断不一定准确。许多情况下，普通消费者并未接受足够的训练来判断各竞争品牌在诸如质量、耐用性等复杂评价标准上的表现，此外产品、品牌之间细小差异的认知对很多消费者而言非常困难。三是许多产品和服务复杂，产品的

---

① https：//www.prnasia.com/story/274395-1.shtml。

某些表现只有在大量使用之后才能对其作出判断。

正因为如此,许多消费者使用替代指示器(surrogate indicator)来作为评价的备选方案。替代指示器是用来代表或指示另一属性的某个属性。

价格是最常用的替代指示器。价格高往往能给人更好的信心,让人相信一件商品或一个品牌价格高自然有它的合理性,这种现象在袜子、收音机、刮须用的洗液、器械、地毯和汽车等商品上都有表现。此外,广告密集度、品牌和原产国经常作为产品质量的指示器。瑞士的手表、德国的汽车、景德镇的陶瓷等都是原产国替代指示器。人们使用替代指示器是因为人们相信两个属性通常是相关甚至是匹配的,例如,价格和质量,品牌和品质,甚至广告和品质。然而,替代指示器的关系并没有人们想象的那么稳固,指标之间的关系并不可靠。

2.6.2 决策类型

消费者使用替代指示器而非认知来判断提示我们:消费者在一些情况下并不都是基于认知作出的决策。事实上,可以依据消费者决策时的主要依据对象不同将其分为以下三类。

(1)基于认知的决策。认知会在后面讨论,这里简单给出结论。基于认知的决策是指,消费者基于不同品牌属性的分析作出决策。由于该方法需要产品特定属性的认知,因此被称为基于认知的决策。基于认知的决策较耗费认知能力,消费者通常需要时间和精力的投入,但往往能作出较接近最优的决策。事实上,之前讨论的补偿模型和非补偿模型都是基于认知的决策。该决策模式往往发生在购买介入度高或动机较高的消费者。

(2)基于感性的决策。该种决策方式往往依据心情或情绪。有时商品是否被购买很大程度上或者完全取决于消费者对产品或服务即刻的情感反应,例如"我觉得它不错"。一般而言,如果动机引发的购物行为本身对个体具有奖赏和刺激作用时,消费者常采用这种决策方式。

(3)基于态度的决策。该种模式可以看作认知和感性的折中,具体表现形式可以是一般态度(如我是否喜欢)、总体印象、直觉和启发线索等。消费者之所以基于态度作出决策主要原因是因为动机、信息的可获性,情境因素之间的交互作用往往较为复杂。一般而言,消费者有一定的购买介入度(名义决策和有限决策)时,往往采用基于态度的决策。

📖 本章小结

本章主要讨论完整的决策流程及每一步的重要结论。消费者并非每次购物都会有问题认知、信息搜寻、评价选择、店铺购买和选择以及购后行为这5个步骤，然而对完整步骤的学习是有必要的。

消费者购买决策涉及两个重要的决策：偏好及其权重、用哪种规则对备选方案进行选择。

补偿模型根据每个品牌的综合表现进行选择，非补偿模型则根据各备选方案的属性表现和设定的接纳标准进行判断。

顾客忠诚能显著提高企业的财务绩效。顾客忠诚包括态度忠诚和行为忠诚。

态度忠诚包括顾客满意、信任和情感联系；行为忠诚包括习惯和转换成本、减少选择和交易历史。

区分消费者不同购物类型的变量是购物介入程度，据此可将消费者决策分为：名义型购买、有限型购买和扩展型购买。

消费者的购物决策是在特定情景中进行的，5种环境对消费者购物具有重要的影响：物理环境、社会环境、决策时间、购买任务类型和消费者的先前状态。

☞ 关键术语

信息搜寻	information search
偏好	preference
知觉图	perceptionmap
联合分析	conjointanalysis
属性	attribute
权重	weight
补偿模型	Fisher model
连接规则	conjunctive decision rule
重点选择规则	disjunctive decision rule
按序排除规则	elimination-by-aspects decision rule
编纂式规则	lexicographic decision rule
顾客满意	customer satisfaction
感知表现	performance

顾客期望	customer expectation
顾客忠诚	customer loyalty
满意容忍带	zone of tolerance
信任	trust
介入程度	involvement
情景	situation

习　　题

一、单选题

1. 消费者产品知识与搜索数量的关系是（　　　）。

A. 正向线性　　　B. 负向线性　　　C. 倒 U 型　　　D. 指数型

2. "消费者将购买所有（或将首先购买）符合其认为重要属性标准的品牌"是指（　　）。

A. 连接规则　　　　　　　　　　B. 重点选择规则

C. 按序排除规则　　　　　　　　D. 编纂式规则

3. "消费者将购买那个具有其他品牌所不具有的最重要属性的品牌"是指（　　）。

A. 连接规则　　　　　　　　　　B. 重点选择规则

C. 按序排除规则　　　　　　　　D. 编纂式规则

4. 对顾客满意和顾客忠诚的关系表述正确的是（　　　）。

A. 顾客满意一定导致顾客忠诚

B. 顾客忠诚的顾客往往是顾客满意的顾客

C. 顾客满意一般不导致顾客忠诚

D. 无关系

5. 品牌态度高而重复购买低的是指（　　　）。

A. 虚假忠诚　　　B. 真忠诚　　　C. 不忠诚　　　D. 潜在忠诚

6. 如果 A、B、C 都代表品牌，某消费者的购买呈现以下规律：

A	A	A	B	A	A	A	C	A	A

如果用钱包份额来策划品牌忠诚，该消费者属于（　　　）。

A. 偶尔变换者　　　　　　　　　B. 转变忠诚

C. 分隔忠诚　　　　　　　　　　D. 品牌冷漠

7. 习惯型购买也叫作（　　　）。

A. 名义型购买　　　B. 有限型决策　　　C. 扩展型决策　　　D. 重复购买

8. 有较多消息搜寻和购后冲突的购买一般发生在（　　　）。

A. 名义型购买　　　B. 有限型决策　　　C. 扩展型决策　　　D. 重复购买

二、多选题

1. 内部消息搜寻的目的包括（　　　）。

A. 解决问题的合适标准是什么　　　B. 是否有现存的解决方案

C. 每个方案的特点　　　D. 应该如何比较这些方案

E. 各种备选方案是什么

2. 服务不满意原因主要包括（　　　）。

A. 核心服务错误　　　B. 服务不周

C. 价格问题　　　D. 渠道不便利

E. 对服务失误的应对

3. 影响态度忠诚的因素包括（　　　）。

A. 顾客满意　　　B. 信任

C. 情感联系　　　D. 习惯和转换成本

E. 减少选择

4. 影响行为忠诚的因素包括（　　　）。

A. 顾客满意　　　B. 信任

C. 习惯和转换成本　　　D. 减少选择

E. 交易历史

5. 在消费者行为学中，需要考虑的情景一般包括（　　　）。

A. 物理环境　　　B. 社会环境

C. 决策时间　　　D. 购买任务类型

E. 消费者的先前状态

6. 替代指示器一般包括（　　　）。

A. 广告密集度　　　B. 品牌　　　C. 原产国

D. 价格　　　E. 外观

7. 决策类型一般可以分为（　　　）。

A. 基于认知的决策　　　B. 基于感性的决策

C. 基于态度的决策　　　D. 基于信息的决策

E. 基于属性的决策

三、思考题

1. 满意容忍带对营销的意义。
2. 为什么采取不同决策模式得出的结果不太一样?

第3章 决策理论

【教学目标与要求】

（1）了解选择性理论的原理，理解该理论的不足。

（2）了解前景理论的假设是什么，掌握前景理论的核心结论。

（3）理解时间和心理的远近如何影响人们的决策。

（4）掌握中国消费者在消费上的心理账户可以分为哪几个类别。

（5）了解为什么说锚定效应无处不在，掌握锚定效应的运用情景。

（6）理解消费者延时满足的意义。

【导入案例】

一位消费者走进正在清仓大甩卖的家具店，看到一套餐具，有8个菜碟、8个汤碗和8个点心碟，共24件，每件都是完好无损的，那么他愿意支付多少钱买这套餐具呢？

另一个消费者也走进了同一家家具店。他看到另外一套餐具有40件，其中24件和刚刚提到的完全相同，而且完好无损，另外这套餐具中还有8个杯子和8个茶托，其中2个杯子和7个茶托都已经破损了。那么他又愿意为这套餐具付多少钱呢？

结果表明，在只知道其中一套餐具的情况下，人们平均愿意为第一套餐具支付33美元，却只愿意为第二套餐具支付24美元。

资料来源：亦伟. 学点用得上的心理常识［M］. 北京：中国华侨出版社，2016.

理论是对规律的总结，掌握决策的相关理论会帮助我们快速而准确地对消费者决策行为进行分析和判断。

为了分析人们的行为，科学家发展出了许多模型对规律进行总结，且这些模型在初始阶段都假设人们的行为是理性的。我们能理解作出这样的假设是为了更好地开展相关研究。正如假设概念所阐述的那样，假设是"认为真实的或肯定会发生的事，没有证据"。早期的理性人假设意味着人的决策都是最大化自己效用的，不同理论主要在效用的衡量方式上有所不同。随着研究的发展，人们逐步放开了经济人等假设的束缚，开始探讨非理性决策。这里的非理性并非贬义，而更多是基于学术区分早期理性决策相关内容需要。

3.1 选择性理论

理性决策是有关最优化的决策，这里的最优化在个人决策上是最大化的意思。那么，最大化的对象是什么？学术界先后经历了期望值和期望效用的过程，它们共同被称为选择理论。

3.1.1 期望值

在概率论和统计学中，期望值也叫数学期望，是指在一个离散性随机变量试验中每次可能结果的概率乘以其结果的总和。例如，如果掷骰子，其期望值是多少？

$$E(X) = 1 \cdot \frac{1}{6} + 2 \cdot \frac{1}{6} + 3 \cdot \frac{1}{6} + 4 \cdot \frac{1}{6} + 5 \cdot \frac{1}{6} + 6 \cdot \frac{1}{6}$$
$$= \frac{1+2+3+4+5+6}{6} = 3.5$$

同样的道理，如果消费者面临以下两种选择：

A. 100%的机会得到800元；

B. 70%的机会得到1000元，30%的机会得到0元。

大多数消费者会选择A，因为A的期望值（800）大于B的期望值（700）。

1713年，尼古拉斯·伯努利（Nicholas Bernoulli）提出了一个有趣的"圣彼得堡悖论"。"圣彼得堡悖论"中的决策显然不是一个理性的决策。丹尼尔·伯努利（Daniel Bernoulli）在1738年提出了著名的边际效用递减原理对此问题进行了解释。

 资料卡

圣彼得堡悖论

伯努利设计了这样一个场景。掷硬币，若第一次掷出正面，可以赚2元；若第一次

掷出反面，那就要再掷一次，若第二次掷的是正面，可以赚 4 元；若第二次掷出反面，那就要掷第三次，若第三次掷的是正面，便赚 8 元（2^3）；以此类推。伯努利问，你愿意花多少钱参加这个游戏？虽然人们如果无限玩下去的期望值为正无穷，然而，大多数人表示只愿意花几元钱参加。

圣彼得堡悖论说明，期望值对消费者在两种情况下更有参考价值：一是期望值能较容易计算出来；二是期望值对消费者有意义，而这往往代表着该商品对消费者而言处于稀缺状态。

3.1.2 期望效用

从期望值到期望效用（expected utility）虽然只有两个字的区别，然而却代表着人们的评估从客观到主观的转变，因为期望值是客观的，而效用则是主观的。借用伯努利的思路，同样是 10000 元，对于一个比较贫穷的人效用要远大于它对于一个富人的效用，虽然都是 10000 元。

"期望效用理论并不是按照心理学模式设计的，它是基于理性的基本原则（原理）作出的逻辑选择"。为了让期望效用理论能逻辑自洽，冯·诺伊曼（John Von Neumann）和奥斯卡·摩根斯顿（Oskar Morgenstern）定义其成立的 6 个公理：有序性、占优性、相消性、可传递性、连续性和恒定性。有序性的主要含义是，人们能在两个方案中进行选择。占优性的含义是，个体会选择更优的方案，而绝不选择次等的方案。相消性的主要含义是，方案之间相同的部分不用比较，个体只比较不同的部分。可传递性的含义是，如果方案 A 比 B 占优，B 比 C 占优，那么 A 比 C 占优，其他以此类推。连续性的含义是，对于备选方案，如果出现最好结果的概率非常大，人们会在最好的或者最坏的结果中选择，而非折中。例如，如果完全损失的概率是亿分之一，那么一个理性决策者肯定会偏好在 1000 元和完全失去中选择，而不是选择折中的确定的 100 元收益。恒定性的含义是备选方案的表现形式不影响人们的选择。通过对理论计算值和客观观测值之间进行对比，学者们不断修正期望效用理论，例如有学者用主观概率代替频率等客观概率。

虽然可以修改模型，然而期望效用理论随后也遇到了无法解释的现象，其中以阿莱悖论（Allais Paradox）最为有名。20 世纪 50 年代，法国诺贝尔经济学奖获得者莫里斯·阿莱（Maurice Allais）以 100 人为被试做了以下实验。

A. 100% 的机会得到 100 万元。

B. 10% 的机会得到 500 万元，89% 的机会得到 100 万元，1% 的机会什么也得不到。

在该实验中，绝大多数人选择 A。所以可以认为 A 的效用值大于 B 的效用值，虽然 A 的期望值（100 万元）小于 B 的期望值（139 万元）。于是

$$1.00U^{①}(1M^{②}) > 0.89 \times U(1M) + 0.01U(0) + 0.1U(5M)$$

自然

$$0.11(1M) > 0.10U(5M)$$

阿莱接着做了以下实验：

C. 11% 的机会得到 100 万元，89% 的机会什么也得不到。

D. 10% 的机会得到 500 万元，90% 的机会什么也得不到。

大多数人选择 D。在该实验中，C 的期望值和期望效用都小于 D。于是

$$0.11U(1M) + 0.89U(0) < 0.10U(5M) + 0.90U(0)$$

因此

$$0.11(1M) < 0.10U(5M)$$

矛盾出现了。可以看到，阿莱分析中使用了相消性，将共同的部分去除。矛盾的结果至少说明相消性是不完全对的。然而，相消性是期望效用理论能成立的前提。这说明，期望效用理论存在不足。

3.2　前 景 理 论

经济学家常常假设人是理性人，作出的决策是理性的。如果消费者在很多情况下是基于感性或者态度作出决策，这显然不是人们心中的理性决策。对人的非理性进行阐述最早可以追溯到西蒙的满意决策。西蒙（Herbert Alexander Simon）认为，受限于人的有限理性，我们应该用满意替代最优作为决策的目标。西蒙的有限理性是对理性决策的重新思考。

正如卡尼曼所言，心理学家会非常理所当然地接受人有不理性的方面。卡尼曼

---

① U 代表 utility，效用，下同。
② M 代表 million，百万，下同。

（Daniel Kahneman）和阿莫斯·特沃斯基（Amos Tversky）认为，非理性决策是指购买决策违反个体效用最大化、个体偏好不一致。随后，他们将心理学和经济学结合来研究人的决策，并发展出著名的前景理论[①]（Prospect Theory）。前景理论主要有4个结论。

3.2.1 确定性效应

以下是卡尼曼设计的两个实验。

实验1　让被试在以下两个备选方案中选择：

A. 33%的概率得到2500元，66%的概率得到2400元，1%的概率什么也得不到；

B. 100%的概率得到2400元。

实验2　让被试在以下两个备选方案中选择：

A. 33%的概率得到2500元，67%的概率什么也得不到；

B. 34%的概率得到2400元，66%的概率什么也得不到。

每组实验都是100个被试。在实验1中，82人选择B，在实验2中83人选择A。根据被试的选择，被试对实验1的偏好可以表述为0.33U(2500)<0.34U(2400)；被试对实验2的偏好可以表述为0.33U(2500)>0.34U(2400)，结果是矛盾的。然而在实验1被试有一个特点是选择了100%的选项。这说明，人们会给予确定性的收益更高的权重，卡尼曼他们将此称为确定性效应。确定性效应的含义是人类对于确定和可能的收益，会给予确定性收益更高的权重。确定性效应也是卡尼曼对阿莱悖论的解释。

3.2.2 反射效应

确定性效应是对收益而言，如果被试面临的是损失而非收益，情况会是什么样的？

实验3　让被试在以下两个备选方案中选择：

A. 80%的概率损失4000元；

B. 100%的概率损失3000元。

实验4　让被试在以下两个备选方案中选择：

A. 20%的概率损失4000元；

[①] 在港澳台地区也常被翻译为展望理论。

B. 25% 的概率损失 3000 元。

同样的 100 个被试，在实验 3 中 92 个被试选择 A，在实验 4 中 58 个被试选择 B。根据被试的选择，实验 3 可以表述为 $0.80U(-4000) > 1.00U(-3000)$；实验 4 可以表述为 $0.80U(-4000) < 1.00U(-3000)$，结果矛盾。虽然实验 4 结果不显著，然而在其他实验中得到了统计显著的结果。限于篇幅，这里不再列举出更多实验。

反射效应（reflection effect）的意思是，面对确定性损失时，人们更愿意冒险而非承受确定性损失。这与确定性效应看起来是相反的，因此叫作反射效应。

3.2.3 损失厌恶

损失厌恶的意思是一单位收入的效用低于一单位损失的效用，即同样单位的损失比同样单位的收益让人的感受更强烈。

我们来看一个实验。如果与一个人说，来玩一个游戏，向上抛硬币，

A. 抛上去下来如果是正面，我给你 11 元；

B. 抛上去下来如果是反面，你给我 10 元。

你愿意玩这个游戏吗？大多数人是不愿意的。该实验经受了跨文化的检验，即在不同文化背景的国家做的实验，其结果类似。

该实验有两个有趣的地方：一是期望值为正；二是无论是获得 11 元还是损失 10 元，几乎每个被试都能承受，且无论是收益还是损失都可以"忽略不计"。人们之所以不愿意参加是因为 10 元损失的效用大于 11 元的收益。

多年后，芝加哥大学教授泰勒（Thalor）通过实验证明，一单位损失的效用大约相当于 2.5 单位的收益。以中国为背景的两项研究测试的结果略低于 2.5，但差距非常小。因此，人们一般以 2.5 为损失厌恶系数。如果把刚才的实验做适当的调整：

A. 抛上去下来如果是正面，我给你 25 元；

B. 抛上去下来如果是反面，你给我 10 元。

那么，愿意参加的人会显著多于不愿意参加的人。

损失厌恶是前景理论最为人所熟知的结论，它会导致：过度的风险厌恶、禀赋效应和处置效应。过度的风险厌恶在本节介绍的实验已经有所体现，在此不再赘述。

禀赋效应是指当一个人拥有某项物品或资产时，对该物品或资产的价值评估要大于没有拥有这项物品或资产时。当我们卖房屋、汽车或者其他东西时，通常会标一个比买家认为合适的更高的价格，这倒不一定是贪心或者舍不得，而是禀赋效应的结果。"拥

有过的东西总是更珍贵"就是这种观点的典型体现。

处置效应主要是指在金融市场投资中，投资者倾向于出售价值增加的资产，同时保持资产已经贬值的资产。例如，在股票买卖中，人们一般倾向于把盈利的股票卖掉，而保留亏损的股票。之所以这样是因为亏损股票的效用大于收益的效用，当然这里是指负效用。正如研究者所发现的那样，投资者这样操作只是因为他们更不喜欢遭受损失，显然任何人都会喜欢收益。

3.2.4 参照依赖

确定性效应和反射效应告诉我们，人们对待收益和损失时的决策依据是不同的。同样一件事情是收益还是损失取决于与什么比较，比较的内容即为参考点。可以认为参考点的不同在相当大的程度上影响着人们判断是收益还是损失。

奚恺元（K Hsee Christopher）的冰淇淋实验较好地解释这一现象。奚老师让被试设想这样一个场景："夏天在芝加哥的密歇根湖的海滩上，想吃冰淇淋。海滩上碰巧有个卖冰淇淋的小贩。小贩按杯卖哈根达斯冰淇淋，有一种是用一个 10 盎司的杯子装有 8 盎司的冰淇淋，而另一种是用一个 5 盎司的杯子装有 7 盎司的冰淇淋"，如图 3-1 所示。

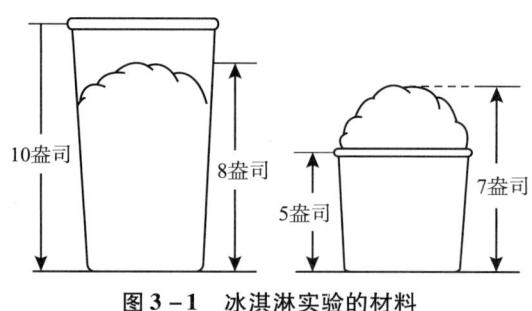

图 3-1 冰淇淋实验的材料

他从中西部一所大型大学招募 69 名大学生，让这些被试分别填写或者组合填写，结果如表 3-1 所示。当两杯冰淇淋一起给被试时，10 盎司杯子里有 8 盎司的冰淇淋，被试的出价高于 7 盎司的冰淇淋；但是当两种冰激凌是分开给被试时，7 盎司的冰淇淋反而得到更高的出价。此外，可以看到 7 盎司冰淇淋在分开出价时甚至高过 8 盎司冰淇淋的联合出价。

表 3-1　　　　　　　　　　　　　　被试出价情况　　　　　　　　　　　　　单位：美元

方式	10 盎司的杯子	5 盎司的杯子
分开出价	1.66	2.26
联合出价	1.85	1.56

之所以这样是因为：当联合出价时，被试比较的是冰淇淋和冰淇淋的大小；当分开出价时，被试是用冰淇淋和杯子来比较。7 盎司冰淇淋在 5 盎司杯子里会溢出来，显得非常满；而 8 盎司冰淇淋在 10 盎司杯子里则会显得还没装满。可以发现，无论是哪种情景，人们对物品的出价都是建立在与参考的比较基础之上。联合出价的参照是冰淇淋，分开出价的参照是杯子。

参照依赖对人的决策是非常重要的。在导入案例中，第二套餐具比第一套多 6 个好的杯子和 1 个好的茶托，然而消费者愿意支付的钱更少。之所以这样是因为：对第二套餐具，消费者根据参照依赖找到快速评价商品的线索，即有瑕疵的餐具并据此对商品的价值进行了判断。

卡尼曼在其著作中有过这样一个例子。安东尼目前的财富是 100 万美元，贝蒂目前的财富是 400 万美元。如果二者都面临同样的风险和确定性选择：

A. 50% 的机会拥有 100 万美元，50% 的机会拥有 400 万美元；

B. 100% 的机会拥有 200 万美元。

在该选择中，A 是确定风险，B 是确定收益。由于安东尼和贝蒂都面临一样的备选方案，因此可以预计其期望效用是相同的。为此，似乎可以预期他们的选择应该是一样的。

然而，仔细思考二者的情况就会发现二者的选择会不同。对于安东尼，目前拥有 100 万美元，如果选择 B，其财富肯定会翻倍；而如果选择 A 赌一把，那样其财富要么翻 4 倍，要么至少有 100 万美元。显然，B 的吸引力对安东尼更强。由于贝蒂目前拥有 400 万美元，如果选择 B，相当于肯定损失 50% 的财富；而如果选择 A 赌一把，其结果是要么损失 3/4，要么一点也不损失。显然，对于贝蒂而言 A 似乎更合理。

选择 B 对安东尼而言是幸福的，对贝蒂而言是痛苦的。之所以产生这样的差别是因为他们最开始的财富状况不同。他们此前的财富状况构成了他们决策的参考点。显然，每个人在决策时都会受到其参考点的影响，这决定了前景理论对消费行为的影响是普遍性的。我们可以找到很多这样的消费案例：第一次买车和第二次买车的心态会完全不同，第一次买房子和第二次买房子也不一样，甚至我们给第一个小孩买的食物、衣服和玩具与第二个小孩也差异不小。正如卡尼曼所言，前景理论更人性化，它考虑了人们的心态变化而非只有基于冷冰冰的数字作决策。

 资料卡

前景理论

卡尼曼在自己的专著《思考快与慢》中提到，前景理论之所以比选择性理论更能解释人们的决策行为是因为它更"人性化"，具体而言，前景理论考虑了人们的现有状态而不是把决策人置于无背景和前置条件下来决策。详见《思考快与慢》第26章。

总之，由于前景理论结论及其建立理论的假设在现实中的普遍性，因此大量研究发现前景理论对人们的决策影响较大。就消费决策领域，已有的基于前景理论的消费研究包括决策模型、定价、家庭的消费—投资—保险策略优化、社会福利函数的构建、农村居民的消费行为、退休和储蓄、汽车消费行为和保险消费等。

 小知识

前景理论的不足

前景理论的参照依赖效应也是该理论的缺点，即前景理论无法应对哪些令人失望的事情。事实上，前景理论有两个假设并不吻合事实：①现状的价值是零；②选项分开评估，价值最大的选项会被选中。

3.3 解释水平理论

3.3.1 理论起源和含义

解释水平理论的兴起来源于人们对时间在决策中作用的分析。在解释水平之前，人

们已经关注到一些现象,例如当奖励从以后移向"现在"时,人们感受到奖励更大的价值[①];人们似乎经常高估个人的实际表现,在表达自己信念的准确性方面过分地过分精确等[②];人们对完成未来任务所需时间的预测显示出乐观偏见,并常常低估所需的时间[③]。

利伯曼(Liberman)和特罗普(Trope)的研究发现,人们决策与判断的时间效应背后存在着一般性规律,他们将其概括为心理表征,而心理表征有高水平和低水平之分。这里的高低水平不是指好坏,而是做区分之用。高解释水平特点是心理表征关注事件内涵的、一般的、核心的、连贯一致和去背景化(与事物首要和决定性特征有关)的特征,常出现在当人们思考远期事件时。低解释水平的特点是心理表征关注事件具体地、更多使用偶然的、外围的和背景化(与事物次要和特有的有关)特征,常出现在当人们思考近期事件时。

在一项研究中,选择32名纽约大学的本科生填写一个开放式问卷,问卷主要是要求学生们假想并描述他们经历一些诸如阅读一本科幻小说、搬到新的公寓、与家人共度周末等日常活动,不同组别的区别是:该活动是最近发生还是一年之后发生。对学生回答的文本分析后发现:一年后的行为描述包含更多"为什么"的内容;最近发生的行为描述则包含更多"怎么做"的内容,这就是高解释水平和低解释水平情况下关注的焦点不同。

在上述的研究中,研究者通过操控不同的背景进而得到解释水平不同维度的解释。后续的一系列相关研究在理论上有所发展,具体结果见表3-2。

表3-2　　　　　　　　　　　解释水平理论研究的主要结论

解释对象	高解释水平	低解释水平
一般原则	关注事件内涵的、一般的、核心的、连贯一致和去背景化的特征;抽象思维	关注事件具体地、更多使用偶然的、外围的和背景化特征;具体思维
选择	目标的为什么因素(渴望性);结果的水平	目标的怎么做因素(可行性);结果的概率
产品选择	与使用目标有关的属性	与使用目标无关的属性
认知规律	与目标有关的价值	与目标无关的价值
对未来行为的决策	支撑性理由;核心价值观	反对性理由;次要价值观

---

① 这种现象常被称为时间折扣(time discounting)。
② 这种现象常被称为过度自信(overconfidence)。
③ 这种现象常被称为计划谬误(planning fallacy)。

续表

解释对象	高解释水平	低解释水平
自我	理想自我	现实自我
说服	重要特征、一般性描述	次要特征、特例
调节焦点	促进导向	预防导向

资料来源：李雁晨，周庭锐，周琇. 解释水平理论：从时间距离到心理距离 [J]. 心理科学进展，2009，17（4）：667-677.

3.3.2 从时间距离到假设性

虽然解释水平理论开始于时间距离，然而后续研究发现，空间距离、社会距离和假设性同样具有类似的效果。之所以出现这样的结果是因为，人们对事物的心理表征与参照点有关，而自己、当下和此地是常用的参照点。与参照点近，人们的心理表征更常使用低解释水平；与参照点远，人们的心理表征更常使用高解释水平。

空间距离对心理表征的影响与时间距离非常类似。高水平解释对应较远空间距离的事物，而低水平解释对应较近距离的事物。利伯曼等在2002年的一项研究中让纽约大学本科生去一家动画公司，工作任务之一是对一段模拟三位少年在西海岸或东海岸参加夏令营时的一段卡通片分解为成自然的且有意义的片段。对于事件发生在西海岸的远距离组，学生将其平均分为了10.09个片段，而对发生在东海岸的近距离组，则划分为14.41个片段。显然，学生对于远距离组采用了高解释水平，对近距离组使用了低解释水平。

对于社会距离，奚恺元与韦伯的研究发现，当参与者预测在风险选择时，倾向于认为他人比自己更追求风险，而不管选择的是消极结果还是积极结果。即使当作者为了提高预测的准确性而给被试提供金钱激励时仍然如此。然而，这种差异只有在预测对象是抽象的情况（高解释水平）下才会出现，而在目标生动的情况下（低解释水平），这种差异就消失了。

瓦克斯拉克等研究发现：当报告的事件发生概率较低而不是较高时，参与者对对象的分类更广泛，增加了他们对一般活动描述的偏好，将进行中的行为划分为更少的单元，在提取视觉信息方面更成功，参与者越来越倾向于识别目的相关的行为，而不是手段相关的术语。也就是说，降低事件的概率会导致个体更关注其中心、抽象、一般特征（高解释水平）而不是通过其外围、具体来表示事件（低解释水平）。

3.3.3 解释水平理论的运用

1. 一般原则

解释水平的重要性在于,当人们处于高解释水平或低解释水平时,人们关注的信息是不同的。高解释水平关注更高层次的有关目的、抽象、与为什么有关、概括的和去背景的信息;而低解释水平关注具体、生动、容易想象、与如何有关、有背景的、次要特征有关的信息。高解释水平通过间接的方式影响行为,而低解释水平通过直接的方式影响行为。

依据前景理论,人们的决策大多数与风险有关,而风险有两个组成部分:效用和概率。效用一般是人们决策的主要原因,而概率是次要原因,对于决策本身而言,二者都是重要的。然而,当人们决策时,如果面对的是与未来有关,那么价值部分更容易引起人们的注意;如果人们的决策是时间距离较近的,则概率更容易得到关注。该结论也适用于空间距离和社会距离。

2. 具体途径

解释水平通过时间距离和空间距离等影响消费者决策。

在消费决策的信息收集中,"在搜索早期(3~12周之前),消费者泛泛地搜索;在购买前,信息搜寻以品牌为主",消费者之所以这样是受时间距离的影响。消费者信息收集的结果是形成包含备选品牌的考虑集。然而,由于信息收集和最终的购买存在时间距离,因此,消费者信息收集受到解释水平的影响。当时间距离远时,消费者的心理表征是高解释水平,此时更习惯用核心的、抽象的、一般的特征来思考问题,因此收集的信息主要是泛泛地搜索,例如市场有哪些牌子,大家用后的感受如何,可以用哪些原则来分析品牌等。当时间距离较近时,消费者更关注品牌具体属性等低解释水平有关的信息。此外,实际购买时,由于受低解释水平的影响,消费者会更多地受广告、促销、消费情境等具体因素的影响。因此,消费者实际选择与其购前的基于高解释水平的消费目标可能存在不一致的地方。

解释水平还会影响消费者的感知、态度和选择。

首先,解释水平会影响消费者的感知。例如,在低解释水平下,有关"损失"的信息对消费者的说服更有效;而在高解释水平下,有关"得到"的信息对消费者的说服更有效。此外，与我们亲近的人提供的信息比陌生人提供的信息更有意义，这就是因为亲近的人与我们的社会距离近。

其次，解释水平会影响消费者的态度。我们会自然理解以下结论：①远时间距离心理特征下的消费者对强调主要属性的产品更有偏好，而低心理特征下的消费者个体对强调次要属性的产品更有偏好；②高解释水平下的消费者更喜欢涉及自我概念的产品广告，而低解释水平下的消费者更喜欢涉及产品质量的广告；③当企业发生产品伤害危机时，低解释水平下的消费者由于更关注细节和情景，因此更容易理解已经有所反应的企业。

最后，解释水平会影响消费者的选择。例如，价格促销与远时间距离相匹配对高解释水平的个体更有效，反之赠品促销的设置与近时间距离相匹配对低解释水平的个体更有效。

3.4 心理账户

3.4.1 心理账户的含义

心理账户[①]是芝加哥大学教授泰勒、卡尼曼和特沃斯基研究人们决策判断过程的认知心理规律时提出的理论。以下是卡尼曼和特沃斯基的经典研究中的一个实验。假设你打算去剧院看一场演出，票价10美元。

A. 在到达剧院时，发现自己丢了一张10美元现金，你是否会买票看演出？

B. 打算去看一场演出且已经花10美元买票。但当到达剧院时，发现门票丢了，你是否愿意为了继续看演出再花10美元买票？

实验结果表明：对于实验A，88%的调查对象选择会，12%的调查对象选择不会；对于实验B，46%的调查对象选择会，54%的调查对象不会。其中，实验A、实验B的被试分别为183人和200人。

事实上，对于实验情景A和情景B，被试都是损失了10美元，然而选择结果却差

[①] 心理账户在提出时英文为psychological account，后期卡尼曼和泰勒均用mental account，此处采用学术界更常见的用法。

异较大。卡尼曼和特沃斯基认为之所以出现较大的差异是因为人们把损失的 10 美元放在了不同的心理账户来看待。在实验 A 中，丢失的 10 美元钞票和买演出票的 10 美元属于不同的心理账户，而在实验 B 中二者是一个心理账户，如果继续购票相当于电影的心理账户花费 20 美元。有学者以该实验的材料在我国进行了重复验证，发现中国的被试在两个实验中的比例分别为 94.6% 和 17.2%，而研究中进行的调查也显示消费者之所以如此选择是因心理账户的不同。

心理账户类似于公司账户。在公司，为了反映经营状况，人们将各类活动分类别进行记录和统计。同样的，心理账户是人们在心理上对结果（尤其是经济结果）的分类记账、编码、估价和预算的过程。

心理账户反映经济资源的非替代性。如果用公式表示，其含义为

$$y = f(x) \quad x = x_1 + x_2 + \cdots + x_n$$

式中，y 是人们的消费行为[①]，x_i 为各项经济收入。

过往人们一直认为，当 $x_i = x_j$ 时，其经济含义是一样的。例如，工资发 5000 元和奖金发 5000 元应该是一样的，特别是面对消费时，它们没有区别。然而，心理账户告诉我们经济收入的各项之间具有一定程度的不可替代性。例如，用工资去购买一个奢侈品要比用奖金购买困难很多。

心理账户常常在多个并行的决策和跨时的序贯决策中出现。多个并行的决策是指多个同时存在的决策，例如，消费者可能会在月初同时决定本月用于购买电话卡、购买电影票或者购买书籍都用多少钱，此时即形成不同的心理账户。跨时的序贯决策是指跨越时间的前后有关联的决策。以经典的赌马游戏为例，假如赌马游戏[②]每局 100 元，如果某位先生目前输了 1500 元（意味着已经输了 15 局），而赌场传出下局赔率 15∶1。那么该先生是否会继续参加？对其而言，虽然赢了即刻挽回所有损失，然而真正影响其决策的是心理账户。如果将所有的 15 局和新的 1 局作为一个账户，或者把之前的 15 局都作为一个账户，其决策会不一样。

案例 3-1　汽油价格下降，消费者花费在汽油上的比例反而增加

2008 年金融危机时，美国的汽油价格大幅度下降，在短短几个月内下跌幅度超过了 50%。

---

① 在这里只考虑人们的消费行为重要由其经济状况决定。
② 其他类似游戏也一样，这里只以赌马游戏为例。

根据一般经济学原理，汽油价格下降，美国的消费者从汽油价格下跌中获得收益，因此个人或者家庭在汽油方面的开支占比应该减少，同时家庭其他方面的开支（如食品、衣服、度假等）占比增加。研究显示，在这段时间美国家庭在汽油方面的开支占家总开支的比例不降反升。原因在于，当汽油价格下跌后，大多数美国人都选择了购买更好的汽油。例如，一位消费者过往都购买92号汽油，在汽油价格下跌后却选择加95号汽油；而过往加95号汽油的消费者会考虑去加98号汽油。

对于任何一个家庭而言，在汽油方面支出的1美元，与在食物或者家具方面支出的1美元没有任何区别。一个理性的家庭，会对家庭开支进行统筹安排。对于一些司机而言，他们脑中有一个被分割开来的"加油账户"，比如每月500美元。因此，当汽油价格下跌时，司机忽然觉得相同的500美元可以买到更好的油，因此汽油支出并没有减少。

资料来源：https://www.sohu.com/a/138339645_480854.

3.4.2 心理账户的运用

心理账户的营销意义主要在于了解消费者有哪些心理账户，以及这些心理账户对消费者消费影响如何。

心理账户最明显的不同是因为收入来源不同，而收入来源不同中最明显的区别是辛苦所得和意外之财。米尔克曼（Milkman）和贝希尔斯（Beshears）通过在线杂货店顾客在兑换10美元优惠券时的购买行为和没有优惠券的购买行为，研究小额意外收益对消费决策的影响。研究发现，当10美元的折扣券被兑换时，杂货店的支出增加了1.59美元。一项针对我国消费者的研究发现，奖金收入最主要的支配方向依次为储蓄、人情花费和家庭建设与发展开支，彩票收入最主要的支配方向依次为人情花费、储蓄和享乐休闲开支，正常工资收入最主要的支配方向依次为日常必需开支、储蓄和家庭建设与发展开支。

消费者还会依据消费类型不同创建心理账户。"穷家富路"就是这种区分的一个例子，在家勤俭而出门在外则尽量不要亏待自己，似乎这是两个完全不同的决策（即不具有替代性）。

消费者还会依据呈现方式不同使用不同的心理账户。卡尼曼和特沃斯基的一项研究证实了该问题。他们将学生分为两组，分别带到两个商店购买两种商品：外套和计算器。在其中一个商店，外套标价125元，计算器标价15元，另一个商店则价格刚好相反。此时,他们告诉计算器标价 15 元的被试,开车 20 分钟后另一个街区的一家商场计算器的价格是 10 元,对于计算器为 125 元的一组则为开车 20 分钟后另一个街区的一家商场计算器的价格是 120 元,然后询问被试是否愿意开车去购买较便宜的计算器。在计算器原为 15 元的小组,68% 的被试愿意,而对于 125 元的一组则只有 29% 的人愿意。如果我们把问题界定为是否开车 20 分钟从 140 元(绝对值账户)的总购物款中节省 5 元,两个小组的差别是一样的,然而被试是用相对值账户来加工信息的。从 15 元中省下 5 元节省了 33%(5/15),而从 125 元中节省 5 元只有 4%(5/125)。

一项以我国 9 个省市 1268 名有效被试进行的问卷调查显示:中国人的心理账户系统有一个相对稳定的"3—4—2"分类结构。其中,收入账户包括:工作相关的常规收入、非常规的额外收入和经营收入三个账户;开支账户包括:生活必需开支、家庭建设与个人发展开支、情感维系开支和享乐休闲开支四个账户;存储账户包括:安全型保障账户和风险型存储账户两个账户。

3.5 其他理论

在消费者决策的研究中,还有一些代表性的理论。虽然它们从理论的完备性和对其他理论的影响上与之前介绍的理论有一些差距,然而它们对消费者的影响却并不因此而有所逊色。事实上,如果就其对消费者决策的影响而言,它们也是极为重要的理论。

3.5.1 锚定效应

1. 锚定效应的含义

下面来看一个例子。请选择一个地方写下自己身份证号码最后两位数字,然后再写下愿意为下面两种商品出的价格:

A. 比利时纽豪斯巧克力厂生产的 200g 一袋的巧克力,如果您买,愿意花费多少钱?

B. 一瓶 500mL 澳大利亚戈图(GAUTOUR)出产的 2008 年葡萄酒,愿意花多少钱来购买?

接下来的问题是:刚开始写的身份证号码后两位数字会影响下面的出价吗?大多数

人可能会认为应该不会,因为二者联系较小。

以上案例其实是另一个实验的翻版。在那个实验里,麻省理工学院的商学院教授丹·艾瑞里(Dan Ariely)让麻省理工学院的学生到他家共进晚餐。在让学生写下自己的社保号码后两位数字后,艾瑞里让学生写下愿意为无线轨迹球、无线键盘、设计书、纽豪斯巧克力、1998 年丘隆河葡萄酒和 1996 年隐居地葡萄酒所出的价格。结果显示,"学生中社会保险号后两位数字较大的(80~99)出价最高,那些后两位数字较小的(01~20)出价也最低"。在该实验中,学生中社会保险号后两位数字就像锚一样对学生的出价起到了作用。

2. 锚定效应的运用

锚定效应的价值很大程度上取决于锚的来源。锚依据来源不同可以分为外部锚和内部锚,而外部锚又可以分为语意启动锚和数值启动锚。

语意启动锚一般采用"比较判断 + 绝对判断"问题的方式,想问一个比较判断问题,然后再问一个绝对判断问题。例如,先问"尼罗河是长于 100 公里还是短于 100 公里"(比较判断),然后问"尼罗河多长?"(绝对判断)。在被试回答时,100 公里即为锚。虽然被试可能会说一个在他看来长度远大于 100 公里的数字(例如 500 公里),然而该数字和尼罗河 6650 公里的真实长度比起来还是差距不小。对于数值启动锚,在此不再赘述。

内部锚主要是个人根据以往经验和信息线索在自身内部产生的比较标准。例如,如果问被试华盛顿是什么时候当选美国总统的?大多数人可能会认为是 1776 年,然而华盛顿是 1789 年才担任美国总统。

3. 为什么锚定效应无处不在

锚定效应产生的原因有时是由于启发效应,有时则是因为调整不足。100 公里无论如何调整都难以调整到准确的 6650 公里,而身份证号码数字对出价的影响则是启发导致的锚定效应。

那么,专业人员是否也会受到启发或调整不足的影响?诺斯克拉夫特(Northcraft)等探讨了在信息丰富的现实世界环境中使用决策启发式锚定的调整。为了评估这一决策启发式实验研究的可推广性,他们选择了有经验的房地产经纪人,选择了两处房产,其市场价格分别为 79000 美元和 135000 美元。在给各位房地产经纪人 10 页关于房产的详细介绍之后,研究者让这些房地产经纪人判断房屋的建议销售价格。该房产的真实价格是 135000 美元,然而在给房地产经纪人的介绍资料中,代理商所得到的评估价格是不同的,见表 3-3。

表 3-3　　　　　市场价 135000 美元的房产给房地产经纪人的评估价格

代理商得到的评估价格/美元	与真实评估价格的关系
119900	低 11%~12%
129900	低 4%
139900	高 4%
149900	高 11%~12%

这些有着丰富经验的房产经纪人在参观完房子,阅读介绍资料后所给出的评估价格和建议销售价格见表 3-4。

表 3-4　　　　　房产经纪人给出的评估价格和建议销售价格　　　　　单位:美元

评估价格	建议销售价格
114204	117745
126772	127836
125041	128530
128754	130981

从表 3-4 可以发现,房产经纪人给出的评估价格和建议销售价格与其得到的评估价格是相关的,即资料中评估价格低时,房产经纪人出价低;资料中评估价格高的,其出价高。

4. 第一次锚的效果最好

由于外部锚和内部锚的存在具有普遍性,它们导致的启发性和调整不足是普遍现象,因此卡尼曼认为"锚定效应在生活中随处可见"。一个自然的问题是,消费者可能会面临不同锚的反复锚定,那么这些锚定的作用是一样的吗?艾瑞里用实验进行了探索。

艾瑞里在麻省理工学院招募志愿者,然后让被试先后面对三段实验材料:30 秒 3000 赫兹的一段高音(类似于人的大声叫喊)、30 秒全波频的一段噪声(类似于电视机收不到信号的声音)、30 秒的高低波频交替的震荡声音。之所以选择这样的材料是因为：①这些材料不会有人销售；②几乎每一个人都不喜欢听这些声音，因此被试对实验材料既不熟悉，偏好也相同。实验是在类似语言实验室的地方进行的，在那里，被试头戴耳机接听语言信息，桌面上则是一台电脑屏幕显示各种信息。

实验第一步是让被试听 30 秒 3000 赫兹的一段高音。戴上耳机后一些被试的电脑上出现的问题是"你们很快就会在耳机中听到一段令人不快的录音。我们想了解你们对它的讨厌程度。放完以后，我们会马上问，假定让你再听一遍，付你 10 美分，你们是否愿意？"（A 组），而另一些被试的电脑上出现的问题类似，只是价格是 90 美分（B 组）。我们已经知道这是在下锚。被试听完材料后，其输入电脑的平均价格是 A 组的 33 美分和 B 组的 73 美分。

实验第二步是第二次下锚。艾瑞里在原来的 10 美分组和 90 美分组找出参与者，让他们继续听 30 秒嘶嘶的噪声录音。听完后问被试"假定给你 50 美分，你愿意再听一遍吗？"和"好吧，给多少钱你愿意再听一遍？"参与者输入了他们能接受的最低价格。结果表明，10 美分组的出价要比 90 美分组的低很多。在该实验中，两组被试被显示的价格都是 50 美分，这其实是在下锚。然而，第一次锚（对有的人而言是 10 美分，对有的人而言则是 90 美分）的作用超过了第二次锚的作用。

实验第三步是将第一次锚的结果调转。这一次艾瑞里让参与者听第三份材料（30 秒高、低频交替的震荡声音）。实验结束后问 10 美分组："假定给 90 美分，你们愿意再听一遍吗？"然后又问 90 美分那一组："如果给 10 美分，你们愿意再听一遍吗？"在参与者输入"是"或者"否"后问被试"让你再听一遍，你想要多少钱？"结果显示，那些第一次出价 10 美分锚定的人给出了较低的价格。该实验证明，尽管第三次的锚已经调换，然而第一次锚的效果仍然延续到第三次实验。

3.5.2 免费效应

虽然许多人都有过以下经历：天下没有免费的午餐，免费的东西自己不一定需要，因为免费而拿回家一些不需要的东西，拿回家是累赘而非财富。然而，再次面对免费商品时还是难以忍住。

克里斯·安德森著名的书籍《免费》的副标题是：商业的未来。那么，免费为什么会如此重要？

在图 3-2（a）中进行选择：

A. 1分的好时巧克力；

B. 1.5角的瑞士莲巧克力。

然后，就图3-2（b）进行选择：

A. 0分的好时巧克力；

B. 1.4角的瑞士莲巧克力。

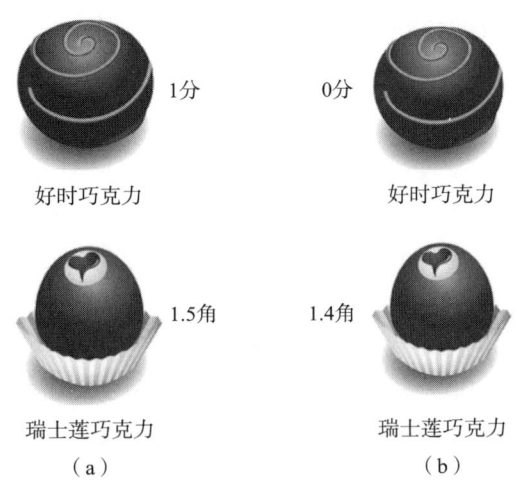

图3-2 巧克力备选方案

在第一次选择中，消费者对好时和瑞士莲可能会有不同的偏好，因此它们被选中的概率相差不会很大。无论该偏好如何，在第二次选择中，大部分被试都会选择免费的好时巧克力。

这个结果有些"奇怪"。首先，1分钱很少，1.5角的价格对被试而言也是可以忽略不计的。其次，第二次选择在第一次基础上都减少了1分钱。难道是因为消费者出不起1分钱吗？不是的，消费者是因为太喜欢免费的东西了。你是否有这样的经历：看到一个想要的东西突然免费会有点兴奋？

有些时候，人们甚至为了免费得到一个价格并不高的商品而改变购买计划，甚至购买并不在计划内的商品。其实，理性的人都应该明白：任何选择都有代价。即使消费者获得免费商品的成本较低，其获得和拥有该商品仍然是有成本的。送给你一辆自行车，如果不经常用，放在家里的两平方米的购房成本是最直接的成本，如果1.5万元/米^2，相当于占用了3万元，这还不包括装修成本和因此破坏家庭氛围带来的其他成本。然而，免费的威力在于：当商品免费时，消费者会认为该商品的价值增加了，这部分是因为人们面对免费时的情绪发生了变化。你还记得我们刚才讨论的兴奋吗？情绪是很奇妙的，它有时能让人的偏好发生很大的转变，且忘了拥有商品是有成本的。

免费效应有效的前提是稀缺性，即只有稀缺的才是有价值的，这里的价值是指人们希望获取的程度。空气对人有效用，然而它不稀缺，人们不愿意为此出价；但有些情况下干净的空气是稀缺的，人们愿意出价。当稀缺的物质突然免费时，人的大脑似乎缺乏处理这件事情的"带宽"。由于过去许多企业通过免费快速获得了巨大的成功，因此，免费曾一度被认为是21世纪的主要商业模式。人的大脑会逐步适应稀缺的东西不再稀缺，然而适应的速度和个体适应的差异却很难量化。

资料卡

以免费为书名的书籍

有三本以免费为书名的书籍。它们的标题分别是《免费：未来的商业》（克里斯·安德森著，中信出版社，2009年）；《免费：商业的未来》（克里斯·安德森著，中信出版社，2012年）；《免费：最好的商业模式》（武帅编著，化学工业出版社，2010）。

3.5.3 诱饵效应

如果消费者去旅行社购买一个旅行计划。旅行社给出以下报价：

A. 三亚5日游5000元；

B. 丽江3日游3000元。

此时，消费者可能难以决策。因为两种方案各有优缺点：例如，丽江的古镇很有特色，三亚的沙滩也很好；丽江3000元，三亚5000元，二者的价格中三亚略高，但都是1000元/日。当商品的价值在两个维度①上难以比较时（古镇还是沙滩，3000元还是5000元），消费者往往难以判断。

如果旅行社给出以下方案：

A. 三亚5日游5000元；

B. 三亚4日游5000元；

C. 丽江3日游3000元。

---

① 更多的维度更是如此。

旅行社是否会"疏忽"从而给出 B 方案？因为 B 方案看起来明显比 A 方案差，人们是不会选择的。答案是否定的。仔细观察备选方案会发现，A 相对 B 方案更有优势，因为价格相同时间更长。虽然有消费者会认为 4 天时间更紧凑，然而大多人消费者还是会认为 A 方案更好。以上营销策略使用的是诱饵效应。在该案例中，方案 B 就是诱饵，它所诱导的是方案 A。

在营销学里，诱饵效应（decoy effect）也叫吸引效应（attraction effect）、不对称支配效应（asymmetric dominance effect）。诱饵效应是一种认知偏差。如果有三个选项，其中一个选项在各个方面明显劣于另外的选项，那么该选项的存在将使得消费者在另外两个选项之间的偏好发生特定变化。

举例说明。在图 3-3 中，A 和 B 两个选项各有优势，例如，A 在属性 1 上占优，B 在属性 2 上占优。此时消费者难以比较时，如图 3-3（a）所示。通过增加一个明显不利的方案（4 日游 5000 元的三亚，-A），有助于消费者的判断，如图 3-3（b）所示。

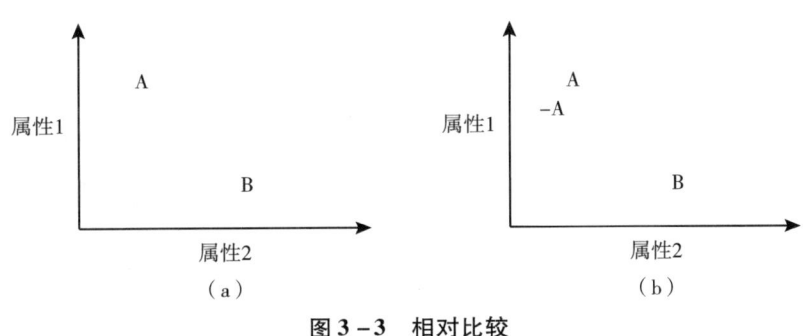

图 3-3 相对比较

在第二次选择中，"-A"方案是 4 日游 5000 元的三亚的方案。通过增加一个明显次优的方案（"-A"），从而使得消费者更愿意选择 A 方案。

诱饵效应也叫相对比较①。相对比较在现实生活中大量存在。例如，明显"配置不合理设置"的汽车，iPhone XS Max 有 64GB、256GB 和 512GB 容量，却没有人们想要的 128GB 容量……我们能在这个列表中增加长长的清单。

相对比较的意义不仅仅在于影响消费者的决策。它揭示一个普遍的规律：消费者关注的是这个物品与其他物品的相对优劣，以此来估算其价值。本章的导入案例讨论的就是这个问题。消费者希望通过"内部价值计量器"来决定苹果手机是否值得购买，然

---

① 在丹·艾瑞里（Dan Ariely）的名著《怪诞行为学》中，诱饵效应也叫相对比较。

而更多的情况是，消费者心里并没有一个"内部价值计量器"，而是通过比较获得。消费者的好朋友 A 认为苹果手机不贵，就是将苹果手机与其他手机比较，进而判断这个价格是否划算。

这种情况是普遍存在的。如果假设人们购买商品或者服务是为了让自己幸福，本质上一个人幸福与否应该只取决于自己现状的绝对情况。然而，许多人对幸福的界定更多来源于与人的比较。许多人购买一部新手机不是因为自己需要这部手机，而可能是因为同事、朋友购买了新手机。

3.5.4 布里丹效应

布里丹效应也叫布里丹之驴（Buridan's donkey），由法国哲学家布里丹（John Buridan）提出。一只饥饿的驴恰处于两堆干草的中间，由于其犹豫不知道该选择哪一堆草而被饿死。布里丹效应常被用于说明人们过分犹豫不决而导致更坏的结果。

面对不确定性，人们作出任何一个决策都好过犹豫不决，就像驴吃任何一堆草都比因为犹豫而饿死更好。

布里丹效应的一个常见的表现形式是人们过多希望保留尽可能多的选择。该策略有两个明显的不足：①人们处理信息的能力并不足以应对如此多的备选方案；②在过多的备选方案中选择会让人们忘记最主要的目的。消费者经常有会有以下经历，在"双 11""618"促销时，①花费在比较上的时间过多，②花费如此多时间比较后购买的商品，人们甚至忘记自己购买这件商品的目的是什么，以致得到它时失去了应有的喜悦和快乐。

3.5.5 当下享乐偏好

当下享乐偏好与解释水平理论有一定的关系，但不尽相同。考虑到当下享乐偏好对人们决策的重要影响，本节单独对其进行介绍。

如果问消费者：

A. 今天得到 100 元；

B. 一年后得到 120 元。

大多数消费者会选择 A。然而，计算一下会发现 B 选项的年利率是 20%。年收益率 20% 在投资界是一个伟大的成就，但是大多数人的选择告诉我们 A 的效用更大。

当下享乐偏好告诉人们，同一件事情，"今天的效用大于明天"。一般认为，"今天"是指 24 小时,而明天并不是真的明天的含义,而是泛指,可以是后天,或者其后的某一天。京东网的"211"(当天 11 点前下单,晚上 11 点前收到货物;晚上 11 点下单,第二天 11 点之前收到货物)策略较为吻合当下享乐偏好的决策。许多消费者习惯在京东购物正是看重其"当下"得到货物的感受。

对于当下享乐偏好,棉花糖实验(Stanford Marshmallow Experiment)是一个经典的案例。沃尔特·米歇尔(Walter Mischel)于 1966—1970 年在幼儿园进行了一系列的选择实验。在这些实验中,实验者会给小孩子一份奖励(实验材料一般是棉花糖①,也可以是饼干、巧克力等)。然后告诉小孩子,他们可以选择直接吃掉这些食物,或者选择等待一段时间直到实验者返回房间(通常为 15 分钟),此时小孩子会得到另外一份奖励,例如另外一份棉花糖。虽然孩子们都希望能有两份棉花糖,然而,较少孩子能忍受等待的过程而是选择马上吃掉棉花糖。

 小知识

棉花糖实验

在后续的有关棉花糖的研究中,研究者发现能为偏爱的奖励坚持忍耐更长时间的小孩通常具有更好的人生表现,如更好的 SAT 成绩、教育成就、身体质量指数,以及其他指标。

📖 本章小结

区分以期望值和期望效用为代表的理性决策范式,研究者逐步放开了研究假设,并在基础上发展出许多有意义的结论。

前景理论通过引入在决策时,人们不仅会考虑绝对值或效用,还同时与参考点进行比较。由此,该理论得出了三个方面的主要结论:面对确定收益时保守、面对确定风险时冒险和损失厌恶。

解释水平理论的贡献在于发现当心理表征不同时,人们关注的内容不同。高解释水

---

① 之所以选择棉花糖作为实验材料是因为小孩子一般都喜欢棉花糖,这样所有的被试对棉花糖的偏好可以认为是相同的。

平下，人们关注事件内涵的、一般的、核心的、连贯一致、和去背景化的特征，常出现在当人们思考远期事件时；低解释水平下，人们关注事件具体地、更多使用偶然的、外围的和背景化特征。时间距离、空间距离、社会距离和假设性都能引发不同的心理表征。

心理账户发现了经济资源的不可替代性。人们主要会因为收入的不同和开支的不同而设置不同的心理账户。在我国，收入账户包括工作相关的常规收入、非常规的额外收入和经营收入三个账户；开支账户包括生活必需开支、家庭建设与个人发展开支、情感维系开支和享乐休闲开支；存储账户包括安全型保障账户和风险型存储账户。

因为调试不足和启发性，锚定效应无处不在。锚可以分为外部锚和内部锚，而外部锚又可以分为语意启动锚和数值启动锚。人们会被多次锚定，但第一次的效果最好。

人们并没有内部价值计量器，相反，人们是通过相对比较来给评估物体价值的。为了提高人们购买 A 的概率，可以通过增加 –A 选项。

虽然许多情况下，选择过多并非好事，然而人们总是保留较多的选项，这叫布里丹效应。

任何一件事情，"今天"的价值都高过"明天"，即当下享乐偏好。这一原则并不意味着"明天"比"后天"好，对消费者而言，只有"今天"和"其他天"。

☞ 关 键 术 语

期望值	expected value
期望效用	expected utility
前景理论	prospect theory
确定性效应	certainty effect
损失厌恶	loss aversion
参照依赖	reference point
解释水平理论	construal level theory
心理账户	mental account
锚定效应	anchoring effect
免费	free
诱饵效应	decoy effect
布里丹效应	Buridan's donkey
当下享乐偏好	presence bias

棉花糖实验   marshmallow experiment

习 题

一、单选题

1. 边际效用递减通常用于解释（　　）。

A. 期望值理论　　　　　　　　B. 期望效用理论

C. 前景理论　　　　　　　　　D. 解释水平理论

2. 当人们面临肯定的收益变得风险规避是因为（　　）。

A. 确定性效应　　　　　　　　B. 反射效应

C. 损失厌恶　　　　　　　　　D. 参照点依赖

3. 损失厌恶系数一般为（　　）。

A. 1.5　　　　B. 2.0　　　　C. 2.5　　　　D. 3.0

4. 以下对确定性效应的解释中，和本意最接近的是（　　）。

A. 人们喜欢确定性收益

B. 人们喜欢确定性损失

C. 面对确定性收益人们会变得比较保守

D. 面对确定性损失，人们更愿意放手一搏

二、多选题

1. 高解释水平下，人们倾向关注食物的（　　）特征。

A. 事件内涵的　　　　　　　　B. 连贯一致

C. 去背景化的　　　　　　　　D. 近期时间有关的

E. 一般的

2. 我国消费者的开支账户包括（　　）。

A. 生活必需开支　　　　　　　B. 家庭建设开支

C. 情感维系开支　　　　　　　D. 享乐休闲开支

E. 个人发展开支

3. 从消费者角度，锚定效应产生的原因是（　　）。

A. 锚无处不在　　　　　　　　B. 调试不足

C. 经常被线索启发　　　　　　D. 消费者不介意

E. 经验不够

4. 对我国消费者而言，收入账户包括（　　）。

A. 工作相关的常规收入　　　　B. 非常规的额外收入

C. 经营收入　　　　　　　　　D. 奖金收入

E. 意外之财

5. 锚定效应的锚一般可以分为（　　）。

A. 内部锚　　　　　　　　　　B. 外部锚

C. 语意启动锚　　　　　　　　D. 数值启动锚

E. 经验和信息启动锚

三、思考题

1. 阐述免费效应产生的前提条件。

2. 在诱饵效应中，为什么增加一个诱饵可以提高预期相比占优的备选方案被选中的可能性？

第 4 章　影响消费者决策的外部因素

【教学目标与要求】

(1) 了解家庭、参考群体、社会声望、人口环境和文化及亚文化对消费的影响。

(2) 了解外部影响因素包括哪些内容。

(3) 掌握每个组成部分对消费的影响机制。

(4) 理解群体对个体影响的路径。

(5) 理解社会声望会影响个人消费的原因和路径。

(6) 理解人口环境影响消费的机制和路径。

(7) 掌握家庭对消费决策的影响主要体现在哪 3 个方面。

(8) 理解文化的含义，掌握文化影响消费的路径。

【导入案例】

2021 年 5 月 11 日，国家统计局发布了备受国内外关注的"第七次全国人口普查公报（第八号）"（以下简称"8 号公报"）。8 号公报包含人口总量、户别人口、人口地区分布、性别构成、年龄构成、受教育程度人口、城乡人口等内容。

根据 8 号公报的数据，全国人口共 141178 万人，与 2010 年（第六次全国人口普查数据，下同）的 133972 万人相比，增加 7206 万人，增长 5.38%，年平均增长率为 0.53%，比 2000 年到 2010 年的年平均增长率 0.57% 下降 0.04 个百分点。

在年龄构成部分，我国 2020 年人口中，0~14 岁人口为 25338 万人，占 17.95%；15~59 岁人口为 89438 万人，占 63.35%；60 岁及以上人口为 26402 万人，占 18.70%（其中，65 岁及以上人口为 19064 万人，占 13.50%）。与 2010 年相比，0~14 岁、15~59 岁、60 岁及以上人口的比重分别上升 1.35 个百分点、下降 6.79 个百分点、上升 5.44 个百分点。

在人口地区分布部分，东部地区人口占 39.93%，中部地区占 25.83%，西部地区占 27.12%，东北地区占 6.98%。与 2010 年相比，东部地区人口所占比重上升 2.15 个百分点，中部地区下降 0.79 个百分点，西部地区上升 0.22 个百分点，东北地区下降 1.20 个百分点。人口向经济发达区域、城市群进一步集聚。

在城乡人口方面，居住在城镇的人口为 90199 万人，占 63.89%；居住在乡村的人口为 50979 万人，占 36.11%。与 2010 年相比，城镇人口增加 23642 万人，乡村人口减少 16436 万人，城镇人口比重上升 14.21 个百分点。

资料来源：http://www.stats.gov.cn/tjsj/tjgb/rkpcgb/qgrkpcgb/202106/t20210628_1818827.html，https://m.thepaper.cn/baijiahao_12621183.

长期以来，人们一直把影响消费的因素分为外部因素和内部因素。事实上，将影响消费者的因素哪些归为外部因素，哪些归为内部因素有一定的争议性。例如，学习和社会阶层以及参考群体密切相关。考虑到每个因素对消费者决策的影响都有其最主要的部分，因此，通常将那些不与个体相关的因素称为外部因素。按照该标准，家庭、参考群体、社会声望、人口环境、文化和亚文化是外部因素；感知、情绪、学习和记忆、动机、态度、个性、自我和生活方式是内部因素。

本章分析外部因素。我们按照一个因素的影响能力"从小到大"来介绍外部因素。之所以这样选择，是因为越小的因素其影响机制越明确，也能为更大因素的分析做一些铺垫。

4.1 家 庭

家庭对消费行为的影响主要体现在对购买的影响和消费方式的影响。

家庭成员是许多商品的共同的消费主体。许多产品都是家庭成员共同消费的，例如住房、汽车、家用电器、家装用品等。此外，一些商品即使是个人消费的，其使用场景也和家庭成员高度相关。

商品的消费影响到家庭的总开支。一项支出必然意味着其他支出的减少或者改变，因此，许多商品的消费都需要考虑其他家庭成员的开支。此外，许多商品的消费需要其他家庭成员的配合。例如，是给孩子买一个学习机，还是给孩子报补习班就涉及父母其他活动的安排。补习班需要父母的接送甚至孩子学习期间父母也需要在培训地点，但是学习机不需要。

因此，在许多情境下营销者应该将家庭作为一个消费单位。

此外，家庭是社会最基层的组织形式，价值观、文化、知识、能力甚至社会网络等外部影响因素主要都是以家庭为单位传递的，而这些都强烈影响一个人的感知、信息搜寻、评价、购买和购后行为。

家庭在新华字典中的含义是"以婚姻和血统关系为基础的社会单位，包括父母、子女和他们共同生活的亲属在内"[①]。不过，收养关系等也可以构成家庭。家的含义是"共同生活的眷属和他们所住的地方"，庭的意思是"堂阶前的院子"，共同生活在一起的人和地方叫作家庭。许多共同居住在一起不一定有血缘关系的人，例如共同租房在一起的人，他们之间对消费的影响也具有上述特点，相关理论也可以运用于类似场景。

家庭对消费的影响最重要的是家庭生命周期、家户决策程序和家庭结构现状三个部分。

4.1.1 家庭生命周期

一个典型的中国家庭可能是这样的，人们在 20 岁或 30 多岁结婚[②]，然后生育一两个孩子。等到孩子们长大成人开始建立自己的家庭时，父母为新人准备婚房、装修和其他事情。当最初这对夫妇退休后，他们可能会为小孩带孙子孙女。等到孙子孙女上中学，夫妻回归自己的家庭。最后，丈夫可能先去世，妻子也在几年以后去世，他们走完了一个家庭生命周期。

人们常见家庭生命周期分为 5 个阶段：单身阶段、婚配、育儿阶段（孩子处于婴儿到青少年）、孩子成年阶段和退休阶段。近年来，人们也讨论 8 个阶段的"扩大的家庭生命周期"，见表 4-1。

表 4-1　　　　　　　　　　扩大的家庭生命周期

家庭阶段	代表性特征
原生家庭	与父母、兄弟姐妹和同伴保持关系； 完成教育

---

① http://xh.5156edu.com/html5/268632.html。
② 截至 2015 年，上海男女的平均初婚年龄分别为 30.3 岁和 28.4 岁，这里以此作为参考依据。

续表

家庭阶段	代表性特征
离开家庭	建立个人的独特性，与父母建立类似成年人的友谊； 与朋友建立伙伴关系； 开始工作，发展工作身份和财务独立性
婚前阶段	选择婚姻伴侣； 建立婚姻关系
无子女夫妇阶段	和伴侣开发一种在实践及情感上共同生活的方式； 调整与原生家庭、配偶和伙伴的关系
有年幼子女的家庭	重新调整家庭制度为孩子腾出空间； 采用和发展的养育角色； 重新调整与原生家庭的关系，帮助儿童发展对外关系
有青少年子女家庭	调整亲子关系，让青少年有更大的自主权； 调整家庭关系以关注中年人际关系和职业问题； 有些家庭开始承担照顾原生家庭的责任
子女成年	解决中年问题； 再次调整夫妻生活； 有些家庭开始将亲戚和孙子孙女纳入家庭圈； 可能开始应对原生家庭成员的离开
后期家庭	应对自我和他人的生理衰退； 适应儿童在家庭维护中扮演更重要的角色； 重视老年人的智慧和经验； 处理配偶和同伴的损失； 死亡准备，生命复习，回忆和融合

资料来源：Carter B & Goldrick M. *The Expanded Family Lifecycle：Individual，Family，and Social Perspectives* (Third edition) [M]. New York：Allyn and Bacom, 2005.

家庭生命周期之所以有意义是因为随着时间的推移，家户会经历一系列阶段。每一个阶段内部具有类似的特点，而阶段之间又有明显的不同。这使得每个阶段之间的消费是有显著差异的。

虽然进入每种特定阶段会有若干途径，然而进入某个家庭阶段的途径对消费行为并没有太大的影响。例如，无论一个人是第一次结婚还是再次成婚，只要家庭有学龄前小孩，其家庭的主要支出都是围绕小孩展开的。

每种家庭在其生命周期都具有类似的需求，这决定了其消费行为是相近的。例如，在离开家庭和婚前阶段，房租和饮食开支通常占主要部分；无子女夫妇阶段则必然有较多的服装和旅游的消费；当家庭有婴幼儿时，食物、教育等消费往往占据较大部分；当家庭进入有青少年子女家庭阶段时，家庭消费支出较为均衡，且消费金额往往会达到最大值；而在后期家庭阶段，医疗、健康相关和食物等成为主要支出部分。

4.1.2 家户决策的特点

虽然许多消费以家庭为单位开展，但家庭成员在消费决策上的作用不尽相同。家庭决策包含五种常见的角色：使用者、购买者、决策制定者、影响者和信息收集者，从其字面即可了解这些角色的含义。在有些家庭购买决策中，产品的主要使用者，既不是决策者又不是购买者。例如，在我国，孩子可能是许多商品的使用者和影响者，但是决策制定者和购买者可能是父母。

家庭决策按照决策者不同，可以分为丈夫主导型、妻子主导型、孩子主导型、夫妻共同主导型和全家共同主导型。以往人们通常认为丈夫主导家庭的汽车、酒类产品、住房、保险等决策；妻子主导家具、食品和日常用品的购买等；夫妻共同主导房屋、卧室家具、孩子教育等。然而，随着女性地位的提高，这样简单分类的适用面已经大幅减少，而孩子主导型或者全家共同主导型变得越来越常见。

4.1.3 我国家庭结构现状和发展趋势

以2020年我国人口普查数据为例，在家庭结构方面，全国共有家庭户49416万户，家庭户人口为129281万人；集体户2853万户，集体户人口为11897万人。平均每个家庭户的人口为2.62人，比2010年的3.10人减少0.48人。[①] 家庭户规模继续缩小，主要是受我国人口流动日趋频繁和住房条件改善年轻人婚后独立居住等因素的影响。

案例4-1 家庭平均人口不足2人，东京进入"超级单身时代"

日本总务省2020年6月25日公布的2020年人口调普查数据显示，东京家庭平均人口仅为1.95人，为全日本最低，也是第一个家庭人口跌破2人的日本城市。不仅东京，许多大城市的家庭人口数量也在减少：北海道（2.12人）、大阪（2.14人）、京都（2.17人）、鹿儿岛和神奈川（2.19人）。日本平均单个家庭的成员从2015年的2.38人下降至2020年的2.27人，人数近年持续下滑。不仅是在大城市，单身家庭在日本人口稀疏的地方也是如此。

---

① https://m.thepaper.cn/baijahao_12621183。

平均单个家庭的成员持续减少的原因之一是独居文化盛行。调查发现，工作繁忙，无心恋爱，享受独居，以致单身文化正在日本大行其道。日本的年轻人结婚意识淡薄，更倾向于单身生活。而日本女性权利意识的觉醒加重了这种情况，事实上，越来越多的日本女性不再需要丈夫提供经济保障。

平均单个家庭的成员持续减少的原因之二是老龄化与少子化。2018年，日本厚生劳动省公布的《国民生活基础调查》显示，65岁以上的老年人口，单身比例上升到了27.4%。日本的总和生育率在2020年为1.34%，较2019年下滑0.02%，连续五年下降，创自2007年以来的最低水平。而2019年开始的新冠肺炎疫情进一步加剧了少子化的倾向。

资料来源：谢江珊. 家庭平均人口不足2人，东京进入"超级单身时代"[N/OL]. [2021-07-27]. 时代周报，2021-06-30. http://www.time-weekly.com/post/282713.

4.2 参考群体

对大多数产品和品牌而言，一位消费者或一个家庭是购买和使用单位。对这些商品而言，是否能满足人们的需求成为消费者是否购买的关键。然而，对有些商品而言，消费者不仅购买了商品，也购买了某个群体的成员身份。

参考群体（reference group）是指任何会成为个人在形成其态度、价值或行为上的参考或比较对象的个人或群体。以高尔夫球俱乐部为例。在许多人看来，打高尔夫球似乎只有一个动作，并没有正手、反手等各种姿势，运动员要做的只是变换不同的球杆，在一片草地上看谁用最少的次数把一个球打进洞，一点也不酷。显然在高尔夫球爱好者的人眼中事情并不是这样，他们通常会说，这项运动的魅力只有打过的人才能体会。高尔夫球友可能会告诉你，对高尔夫球而言，虽然只有一个站姿，但是很小的站姿方向变化都可能导致一次击球的大幅偏差，造成"失之毫厘，谬以千里"的结果。为了把球打进洞，需要一个人设立目标，克服沙坑、风向等因素的影响，并尽可能以最少的击球达到目标。

然而，这些都只是针对高尔夫球本身而言。事实上，高尔夫球俱乐部对球友而言不仅仅是打高尔夫球，更是进入一个群体的关键。首先，由于高尔夫本身的成本较高，因此国内外打高尔夫球的人群，总体具有高净值的特点。其次，与人打高尔夫通常会几个小时在一起，双方交流较为充分，这有助于彼此了解，从而达成合作。进入高尔夫球俱乐部不仅是获得打高尔夫球的机会，也是成为特定人群的需要。

4.2.1 参考群体划分

群体可以按照不同的变量进行划分。然而，对营销工作而言，以下四个划分标准较为有效：成员资格、联系强度、接触类型和吸引力。

（1）既然是群体，划分的首要标准是一个人是否属于某个群体，且只有两个结果：是或者不是。虽然对于一个群体，其成员资格可能比另一些群体更安全，从而使得该群体的成员在心理归属上更好，然而是否属于一个群体仍然是首要的群体区分标准。

（2）联系强度是一个人与群体的紧密程度。家庭、好朋友和邻居等具有很强的联系，通常是首要群体；同事、爱好群体（例如车友和钓友等）是联系较弱的次要群体（secondary groups）。每个人的首要群体和次要群体具有独特性，邻居对某些人可能是次要群体，而钓友则可能是首要群体。

（3）接触类型的区分标准为是否面对面接触，据此分为直接接触和间接接触。一般而言，直接接触因为更容易感受到对方的细微表情、情绪和动作，对人的影响更大。互联网的发展，虚拟等间接接触增加了人们参考群体的数量。如今，人们一般认为能与某个人维持紧密人际关系的人数上限是150人，该数被称为邓巴数（Dunbar's number）。罗宾·邓巴（Robin Dunbar）对大脑新皮质处理能力进行分析发现，能与某个人维持紧密人际关系的人数是有上限的，在该限度内，每个人都认识彼此且知道彼此的关系。邓巴数显然是一个参考，但它揭示出人们对于参考群体的数量特别是亲密参考群体的数量是有限度的。

（4）吸引力探讨的是群体对个人是吸引还是逃避。同一个群体，对一部分人的参考价值是模仿和效法，而对另一部分人而言是逃避。曾经辉煌的诺基亚是许多人心中的理想商品，然而对许多年轻人而言，诺基亚是爸爸妈妈使用的手机，是他们尽量避免的品牌。不仅是手机，服饰、汽车等具有外显特点的商品都在一定程度上具有这个性质。许多品牌并没有做错太大的事情，然而喜欢它们的人如果是另一群人的逃避对象，这将导致其很难被另一群人所接受。

4.2.2 参考群体的类型

以前参考群体主要来源于同事、好朋友、室友、闺蜜、亲戚、领导、老乡、同学和邻居等。随着网络技术的普及，信息将以前无法想象的人联系在一起。许多基于网络的参考群体逐步出现，这其中以意见领袖和品牌社群最具有代表性。

小米公司的雷军和黎万强多次谈到品牌社群对小米的重要性，用户在小米社群沉淀，并将其对小米的喜爱传播到外部。

案例4-2　因为米粉所以小米

2021年第二季度，小米手机的销量超过苹果位列世界第2①。作为一家2010年才成立的手机企业，小米的手机业务无疑是成功的。

对小米手机而言，雷军的"因为米粉所以小米"被人津津乐道。雷军在多个场合提到小米就是要做一家为米粉服务的公司。小米的做法也受到了米粉的认可："这些年里，小米是我见过的唯一一个听取米粉的建议，去尽量满足自己的米粉对于小米手机的期望，这也证实了小米的那句：做米粉心中最酷的公司。这也是我为啥成为小米的死忠粉，因为该公司不是一个冷冰冰的、只会赚钱的公司。"②

小米的粉丝对小米的作用是购买者，是用户体验测试与改良者，也是口碑布道者。这些米粉都是别人的朋友、同事和同学等，进而在消费者购买中起到参考群体的作用。

资料来源：https://www.zhihu.com/question/20497758.

4.2.3　参考群体对个人的影响方式

考虑以下三种情景。

情景一。李先生发现最近朋友都换了新款手机，这让李先生了解到最近又新出了许多款新手机。赵女士的同事昨天在盒马鲜生吃了海鲜，这让赵女士知道吃海鲜有了新的去处。

情景二。李先生发现最近朋友都换了新款手机，甚至有同事半开玩笑说王先生的手机有点过时了。赵女士准备下班后约几位闺蜜去吃烤海鲜，结果闺蜜们都没空。交谈过程中，一位闺蜜无意提到，盒马鲜生的海鲜口味也不错，而且更卫生。

情景三。李先生发现最近朋友都换了新款手机，而且部门几位同事都从苹果换成了华为。赵女士非常喜欢吃海鲜自助，但最近赵女士发现几位和自己关系好的同事到盒马

---

① https://www.163.com/dy/article/GF9I22TE053824PP.html.
② https://www.sohu.com/a/406809564_120688215.

鲜生吃海鲜。

上述三种情况分别对应了参考群体影响个体的三种途径：信息性影响、规范性影响和认同性影响。情景一是信息性影响，因为朋友和同事提供了新的信息。情景二是规范性，其中的过时和更卫生提供了什么是更合适、更正确的行为规范。情景三是认同性影响，通过让个体希望融入群体而愿意依据群体观念、行为与规范来决定购买决策。

4.2.4 参考群体影响的强度

人是社会性的，因此人们渴望加入某个群体，进而每个消费者通常属于兴趣各异的群体。例如，吴女士同时是某个同学会、老乡会、闺蜜、同事和好朋友群的一员，因此她同时属于不同群体。当人们积极参加某个特定群体活动时，该群体即成为参考群体。

虽然消费者可以同时属于不同群体，但在特定环境下，一般只使用一个群体作为参考。该特点可能导致同一个人在面对同一需要时，依据不同参考群体作出不同的决策。

我们都有这样的经验，有些群体对我们的行为有决定影响，而有些群体对我们的影响则不太强，这就是参考群体影响的强度。群体对个体消费影响强度主要由以下四个因素决定。

（1）产品或品牌的使用可见性。一般而言可见度越高，参考群体的影响力越大。外衣、鞋类、汽车、手机、化妆品和手表等都是高可见性的，而内衣、饮食、洗漱用品等则是低可见性。此外，当产品使用可见度高时，对必需品在产品层面影响力弱，品牌影响力强。例如服装、手机是必需品且高可见度，因此消费者较看重品牌，而对品牌下的具体产品可能并不太介意。对非必需品则是产品影响力强，而品牌影响都较弱，例如家庭影院、豪华家具等。此外，有些商品（例如汽车）对有些消费者或者有些情景是否属于必需品是不确定的，如果属于必需品则会重点考虑品牌，属于非必需品则重点考虑是否拥有即可。

（2）个人对群体的忠诚度。一般而言，个体对群体越忠诚，认同性影响就越强，进而导致参考群体的影响力增加。当大学生毕业寻找工作时，对面试的企业越心仪，就越可能在着装上考虑面试单位的文化特点。许多学生因此而购买套装，但是这些服装除了面试外很少再使用。

（3）该商品与群体的相关性。毫无疑问，与群体越相关的商品，群体的影响力越大，反之越小。

（4）个人的购买信心。有些商品与群体相关性低，但非常重要，而个体却没有足够的信心来购买，此时群体的影响较强。出国留学、给孩子报补习班、买房和买车，这些商品因为其专业性，个人往往难以判断，许多消费者会听取参考群体的意见，他们可能是亲戚、同事或者专家。

自信程度并不总是与产品知识成正比。例如，知识丰富的汽车购买者也喜欢与同样有知识的其他人交流以获得新信息，而新手则从广告和销售员等商业渠道获得信息。

4.2.5 角色

对于一个群体，人们总体希望其表现类似的行为。然而，在一个群体内部，人们对每个人的期望是有一定差异的，该差异很大程度上由人们在群体中的角色来决定。

角色是指群体对具有某种地位的个体，在特定情境下所规定和期待的行为模式。这一界定告诉我们，在群体中，一个人的群体地位决定了人们对他的期待，进而决定了行为。

虽然角色决定行为，然而个体实现角色的方式是不一样的。例如，父亲是一个角色，人们对父亲的期待之一是教养子女。然而，实现该角色的方式差别较大。有的父亲会陪伴孩子读书、旅游、打球等，用尽可能多的陪伴和亲自指导的方式来教养；而有的父亲倾向于给家庭提供财务支持，让专业人士来做辅导等事情，自己关注和跟踪，并把握重要的节点即可。

角色对消费的影响主要体现在以下四个方面。

1. 角色获取或转换

有些产品或品牌与特定的角色相联系。在美国，哈雷摩托车是自由精神的象征。有些情况下，很多人的重要角色可能会共同发生改变，这会给营销提供重要的机遇。当我国计划生育政策从1孩转变为2孩时，许多人会再次承担父母角色。当大量本科毕业生进入城市成为职场新人时，其角色的转换提供了丰富的商业机遇。在美国，有些城市因为留学生太多，银行甚至提供中文服务。从高中或大学毕业、结婚、生孩子、离婚、孩子离家造成空巢以及退休等是典型的角色转换。

2. 角色演化

角色演化和转换略有不同，角色演化强调角色不变，但人们对角色的期待发生变化。作为职业妇女，现在相比以前有更多机会从事体育运动，因此运动服和运动器材有了新的机遇。而在此基础上购物场所的地点和营业时间也必须发生变化，因为她们没有那么多时间用于购物。

3. 角色冲突

角色冲突的最大原因是角色过载。角色过载是指一个人角色需要的时间、精力和金钱超过了一定的范围。许多事业型的人，尤其是已婚妇女，会经历作为家庭成员的角色与事业角色之间的角色过载。许多大学生也存在这样的问题。一个男大学生的角色包括：学生、室友、儿子、校篮球队队员、数学竞赛成员和考研大军的一员等。数学竞赛和校篮球队对出国有帮助，但需要抽出许多时间参加训练，而考研则需要很多时间来复习。

此外，角色冲突还常发生在角色转换或演化时。一个人从单身进入婚姻，角色发生了转换；在婚姻中有了小孩也发生了角色转换，这些都伴随着所承担的期望工作的变化甚至是同时承担以前不曾承担的角色，角色冲突随之产生。

4. 角色产品集

对每个角色而言，人们普遍认为一系列产品是需要的，它们通常被称为角色产品集。角色产品集通常用于帮助其购买者完成角色，或者对某个角色具有重要的象征意义。例如，每年9月许多媒体会报道手机、电脑、iPad和数码相机等在大学新生开学季节的销量大增，因为它们是大学生的角色产品集。印度是多年的黄金第二消费大国，这主要是因为无论黄金价格高低，新娘都需要佩戴黄金饰品；而在全球，该角色产品集是钻石戒指和旅游。

许多情况下，角色产品集更多是企业塑造的结果而非自然的选择。如果要向特定人群销售产品，企业需要确保其产品能满足目标角色的实用或象征性需要，从而使消费者认为产品适用于自己目前的角色。

此外，角色产品集有一个隐含的含义容易被人忽视：每个产品都有不适合某种角色的产品。化妆品曾经是男性这个角色的不适合产品，在这种情况下，希望男性购买化妆品是极其困难的。

案例 4-3　孩子在家庭消费中的作用

孩子在家庭消费中的作用是否仅限于儿童消费产品？北京广播学院 IMI 市场信息研究所通过电话调查收集到 1546 个有效家庭样本，对此问题进行了研究。

1. 在实物型消费领域的影响

研究考察了日常生活用品、家电、电脑以及住房、汽车等商品的消费。对于日常生活用品，父亲、母亲在购买日常用品时参考孩子意见的比例分别为 10.2% 和 10.0%。

在生活功能性家电购买中，孩子作为提议者、参与者、决策者和购买者的比例分别为 6.6%、9.3%、4.4% 和 11.7%；在娱乐功能性家电购买中，孩子作为提议者、参与者、决策者和购买者的比例分别为 16.0%、16.4%、9.4% 和 19.9%。

在电脑购买中，孩子作为提议者、参与者、决策者、购买者和使用者的比例分别为 52.7%、41.0%、36.6%、19.9% 和 70.3%。总体上，电脑购买是孩子携手父亲的"重头戏"。

在住房的购买决策中，孩子作为提议者、参与者、决策者的比例分别为 3.9%、9.9% 和 3.3%；在汽车的购买决策中，孩子作为提议者、参与者、决策者的比例分别为 8.3%、10.2% 和 8.2%。总之，在住房和汽车消费者中，孩子发挥的作用并不明显。不过，研究还发现，在二次购买中，24.7% 的受访者主要会考虑孩子的意见。

2. 在非实物型消费领域的影响

非实物型消费主要包括教育、旅游和保险等。教育消费是家庭消费的主要支出部分，教育无可厚非地成为孩子影响家庭消费最主要的内容，然而该影响力实际上是来自父母对孩子的投资行为，并非是孩子的主动性消费行为。

在旅游消费中，孩子发挥提议者和参与者作用的比例分别为 19.5% 和 43.9%；而在保险消费中，决定险种和保险公司选择的孩子仅为 2.7%。

资料来源：陈素白. 聚焦中国城市核心家庭孩子消费——孩子在家庭公共消费领域角色扮演和地位作用考察 [J]. 市场观察，2004（8）：82-85.

4.3 社会声望

社会声望在西方也叫社会地位或社会阶层。社会声望被广泛认为可以影响人们的消费行为。该概念假设人们可以按照一种或多种因素判断一个人相对于他人在社会中所处的位置，而这样的位置对人的行为有重要的影响。

通常情况下，一个人的社会声望主要由一个人所具有的为社会成员所共同希望拥有并高度重视的特征来决定，这些特征往往表现为：职业、收入水平、财产、教育背景和父母的地位等。

社会阶层一般具有五个特点：封闭性、顺序性、排他性、穷尽性和独特性。封闭性是指各社会阶层之间界限清晰，即每个阶层包括哪一类或排除哪一类人有明确的原则。顺序性是指各个阶层能从高到低按身份和地位排列。排他性是指虽然人们能在不同社会阶层中变动，然而特定的社会成员只能属于一个社会阶层。穷尽性是指每一个社会成员都会落入某一社会阶层，无一例外。独特性是指一定社会体系的不同社会阶层之间在行为上有差异。

4.3.1 社会声望的划分

社会声望的划分一般有单一标准和综合标准两种方法。

1. 单一标准

单一标准是用一个指标来区分社会声望，该指标往往是收入、教育或者职业。这三个指标有某种程度的联系，但又有许多不同。总体上，这三个指标都与一个人的经济状况有关，其背后的逻辑是：一个人的社会声望主要是由其经济状况决定的。

（1）收入。收入一直被用来衡量人们的社会地位。这是因为财富决定了消费，而收入是财富的主要来源。不过，收入衡量一个人的社会声望也有非常"扰人"之处，即收入的多样性。收入至少有以下分类：个人收入和家庭收入，税前收入和税后收入，工资收入和总收入。对消费而言，这些收入差别对消费和社会地位的影响是明显的。

然而，企业是较难获得消费者收入信息的。许多消费者对自己的收入并没有准确的了解。即使消费者了解自己的收入状况，通常也对该概念较为敏感，因此企业调查不容易获得关于收入的准确数据。

（2）教育。在文明社会，提高社会声望的主要途径是教育。教育不仅能提高人的社会声望，而且能显著地影响一个人获取信息的方式、价值观和品位。教育通过影响生活的方方面面进而影响消费模式。在美国等西方社会中，一个人所受的教育程度越高，他的社会声望往往也越高。自然地，教育是评价社会声望的直接标准。虽然在许多国家教育正变得越来越普及，然而教育对一个人的社会声望仍然具有重要的影响。

（3）职业。单项指标使用最多的是职业。事实上，职业也是市场调研中应用最广的单项指数。当我们遇到一个人时，总是情不自禁地会想他的职业是什么。通常情况下，一个人的工作类型以及与其共事的同事的类型直接影响着他的价值观、生活方式和消费过程的各个方面，也决定了其社会声望。

根据单一标准可以将社会划分为上层、下层和中层，然后根据该分类来划分上下层、上中层、上上层，同样的思路可以用于中层和下层（例如表4-2）。

值得一提的是，在印度"种姓社会"和欧洲中世纪的贵族社会，一个人的社会阶层不是由他的财富状况、教育或者职业来决定的，而是由其血缘决定。

2. 综合标准

单一标准简单清晰，易于操作。然而，单一标准也有明显不足。现实中，经济状况相同的人并不处在社会的对等位置，还有其他因素对社会声望有影响。综合标准使用多个指标进行判断，一定程度上弥补了单一标准的不足。

（1）相对职业阶层收入（relative occupation class income，ROCI）。为了克服收入对消费的预测能力的不足，学者们发明了将家庭收入和职业结合作为新的解释变量：相对职业阶层收入。相对职业阶层收入是指某个家庭的总收入相对于同一职业阶层的其他家庭的收入中位数的关系。相对职业阶层收入的结果可以表现为：充裕、均衡或入不敷出，对应了生活优越、生活水平一般或生活水平低下。相对职业阶层收入是易于构建的新变量，可能比单独使用收入或职业更有助于市场细分和了解购买行为。研究发现，相对职业阶层收入影响人们在咖啡、汽车上的消费和消费场所的选择。

（2）社会经济指数（socio economic index，SEI）。该方法由奥蒂斯·达德利·邓肯（Otis Dudley Duncan）提出。该方法计算的每一个职业的社会声望是包含一个职业的收入和教育水平的回归方程，其一般性可以用公式表述为

$$y = a + b_1 x_1 + b_2 x_2$$

式中，y是各职业的声望得分，a为常数项，x_1为各职业的收入，x_2为各职业的教育水平，b_1和b_2为回归系数。收入代表经济地位，教育代表社会地位，合起来即为社会经济指数。邓肯的社会经济指数得到许多不同国家学者的借鉴，并在此基础上有所发展和修正以更吻合各自国家的情况。

（3）经济、社会和文化。经济资本是指财务资源，例如所得；社会资本是指个人所拥有的人脉关系、社会网络关系，以及所属的组织成员身份；文化资本是指包括个人所具有的产品知识与技能、个人在精致文化商品（如艺术）上的消费，以及个人所具有的学位、文凭与精致品位的象征。

总之，社会声望总体而言是职业、收入和教育的综合反映，它既是人们对不同人声望的主观判断，也是影响消费行为的重要变量。

一个典型的美国社会声望类似橄榄球型，其中上层大约14%，中层70%，下层

16%,见表4-2。

表4-2　　1978年美国社会声望

社会声望		比重/(%)	平均收入/万美元	平均学历	典型描述
上层	上上层	0.3	130	硕士	从财富世界继承了财富,贵族的名字
	上中层	12.5	33	医学本科	其余的大学毕业生管理者和专业人士;生活方式以私人俱乐部、事业和艺术为中心
	下上层	1.2	99	硕士	新一代的社会精英,来自当前的专业、企业领导
中层	中产阶级	32.0	6.1	本科	平均工资白领和他们的蓝领朋友;生活在"更好的一面",努力"做正确的事情"
	工人阶层	38.0	3.3	高中	平均工资的蓝领工人;无论收入、学校背景和工作,都过着"工人阶级的生活方式"
下层	上下层	9.0	1.97	高中肄业	工作而不是靠福利;生活水平略高于贫困;行为容易被判定为"粗鲁""垃圾"
	下下层	7.0	1.09	小学	依靠福利,明显贫困,通常失业(或从事"最肮脏的工作");"流浪汉""普通罪犯"

社会声望有意义的一个重要原因是:一个社会在一段时间内的社会声望结构是稳定的。例如,人们一直认为美国社会由于存在较大的中产阶层,因此整个社会是橄榄球型。然而值得注意的是,无论是从长期还是从短期来看,社会声望都处在变化中。例如,在1982年另一项著名的研究中,美国的上层虽然可以分为上层、中层和下层,然而每一层都有不同。上层包含资产基层(占比1%)和上中层(占比14%),中层包含中产阶层(占比33%)和工人阶层(占比32%),下层也叫边缘层,包含工作贫穷层(占比11%~12%)和底层(占比8%~9%)。而从长期看,由于人工智能、网络和信息的普及,过去依靠多年教育掌握的技能成为中产阶层的人们正面临严重的工作岗位流失,这导致一些人认为未来美国社会可能会朝哑铃型方向发展。

4.3.2　社会声望对消费的影响

不同社会声望的人们在购物方式、信息接收和处理、休闲活动和支出模式上存在差异。对于购物方式,在网络上和在实体店中购物的人群并不相同。即使是实体店,在成都国际金融中心（International Finance Square，IFS）和春熙路购物的人群也有区别，虽然这两个地方距离并不远。此外，不同声望的人，其信息接收和处理有较大差异。《大西洋月刊》（The Atlantic）和《经济学人》（The Economist）被认为是美国中产阶层的"标准读物"，而下层更喜欢从电视和网络上获取信息。即使是同样看电视，不同声望的人选择的电视节目也不同。在支出模式上，炫耀性消费更可能出现在社会上层，社会下层则主要基于功能性购物，价格成为主要考虑的因素。

社会声望通过以下3种途径影响人们的消费。

（1）行为规范和阶层消费。社会声望通过提供本阶层合适的规范进而影响人们的消费，而这样的规范通常是有较强约束力的。我们经常会看到或听到人们用阶层来标识一个商品的目标顾客，这被称为阶层消费。

（2）示范作用。许多商品都是上层阶级先消费，然后是中间阶层，最后向所有消费者蔓延，这被称为上行下效。

（3）补偿消费。有时，个体通过购买和消费具有地位象征意义的产品来补偿职场失意，以获得自尊。传统上，补偿性消费者多发生在普通劳动阶层，如通过信贷和分期付款的方式购买汽车、房子、高档家具等象征地位和成功的产品。

4.4 人 口 环 境

人口环境是对人口规模和分布、年龄、职业、教育和收入的总称。在导入案例中，我国人口年龄结构数据受到了广泛关注。这是因为：一个社会的消费结构从总体而言受到其人口环境的影响。例如，当大量人口从农村涌入城市时，城市的住房、家用电器、教育和医疗等成为必然需求，这是过去一二十年我国所发生的事情。而日本在过去20年，整体而言由于社会老年人居多，虽然人口密度远高过我国，其住房需求不再旺盛，房屋价格下降。人口环境相当程度上决定了一个社会消费的现有结构和长期趋势。

4.4.1 人口规模和结构

根据国家统计局发布的数据，截至2020年底，我国人口突破14亿人，其中男性人口72334万人，女性人口68844万人，男女比例为105.07∶100，见表4-3。

表 4-3　　　　　　　　　　截至 2020 年底我国人口结构

结构纬度	维度内容	数据
总人口	人口总数	141178 万人（新增 1640 万人）
性别	男性	72334 万人
	女性	68844 万人
年龄结构	14 岁及以下	25338 万人（17.95%）
	15~59 岁	89438 万人（63.35%）
	60 周岁及以上	26402 万人（18.7%）
城镇化比例	城镇常住人口	90199 万人（占比 63.89%，增加 23642 万人）
	乡村常住人口	50979 万人（占比 36.11%，减少 16436 万人）

资料来源：http://m.thepaper.cn/baijiahao_12621183.

我国人口总体经历高速增长阶段（1949—1970 年）、有调控增长阶段（1971—1980 年）、增速回升阶段（1981—1990 年）和平稳增长阶段（1991—2018 年）。

人口结构的老化在未来将对消费行为有显著影响。由于育龄妇女人数的减少，以及人们婚育观念的转变，1991 年以来，我国人口平稳增长阶段后，人口增长率下降到 0.5% 左右，并保持稳定。我国人口部分生育率、人口比例见表 4-4。

表 4-4　　　　　　　　　　我国人口部分生育率、人口比例

人口维度	时间	具体数据
妇女总和生育率值	1949—1969 年	5.8 个（平均值）
	1977 年	3.0 个以下
	20 世纪末	1.8 个左右
65 岁及以上人口比重	2000 年	7.0%
	2018 年	11.9%
0~14 岁人口比重	2000 年	22.9%
	2018 年	16.9%

到 20 世纪末，我国出生率降至 15‰ 以下，自然增长率降至 8‰ 左右，我国人口进入以低出生率、低死亡率、低自然增长率为主要特征的再生产阶段，且这些特征与现代经济发达和较发达国家类似。随着 65 岁及以上人口比重的增加，0~14 岁人口比重下降，我国人口老龄化程度也将持续加深。

除了人口数量的变化，人口在空间上的分布也发生了较大的变化，其中体现在流动人口聚集度明显增加和人口的城镇化。

据国家统计局公布的报告显示，在新中国成立初期，省际人口流动是由东部向中部、西部，由内陆向边疆，由人口稠密地区向人口稀疏地区移动。20世纪80年代后，由于迁移政策的松动和东部沿海地区经济的发展，东部沿海城市成为流动人口集中地，且在随后的30年一直保持这样的趋势，见表4-5。

表4-5　　　　　　　　　　我国人口流入较多地区

地区	年份	流入人口占全国流动人口比例/(%)
东部	2000	51.6
	2010	52.9
西部	2000	21.7
	2010	22.1
中部	2000	17.7
	2010	17.7

资料来源：国家统计局《人口总量平稳增长　人口素质显著提升——新中国成立70周年经济社会发展成就系列报告之二十》．

可以发现，东部地区无疑是我国人口流入最大的区域。从具体区域看，2010年广东、浙江、江苏三地吸收全国流动人口的比例分别为14.1%、7.6%和7.0%。此外，随着以中心城市引领城市群发展、城市群带动区域发展新模式的建立，京津冀、长三角、珠三角、长江中游、成渝、哈长、中原、关中平原、兰州—西宁等城市群也将成为流动人口的新选择。

人口流向东部地区和城市群，其结果就是城镇化的持续提高。2012年，我国户籍和常住人口城镇化率分别为35.33%和52.57%；2018年分别为43.37%和59.58%。从2017年到2018年，我国城镇常住人口增加1790万人[①]。

4.4.2　人口世代

不仅人口总数会影响消费，人口世代也会影响消费行为。世代是指在某一段时期内

---

① http://www.stats.gov.cn/tjsj/sjjd/201901/t20190123_1646380.html。

出生的一批人群。一般认为，世代因为类似的大背景从而在消费行为上有较多的相似度。例如，2019年美国世代及其人口比例见表4-6。

表4-6　　　　　　　　　　　2019年美国世代及其人口比例

世代名称	出生时间	现存人口/百万	最主要的行为特点
沉默的一代（Silient Generation）	1928—1945年	21.78	不容易被训练
婴儿潮（Baby Boomer）	1946—1964年	70.68	保留传统美国价值观
X一代（Generation X）	1965—1980年	64.95	突出个人价值，直接、喜欢反馈、希望工作和生活达到平衡
Y一代（Generation Y）	1981—1995年	72.26	对互联网熟悉，贫穷和富有结合，思想较开放，喜欢电子媒体
Z一代（Generation Z）	1996—2015年	67.06	良好教育、行为好、焦虑

资料来源：https：//www.statista.com/statistics/79732/us-population-by-generation.

虽然美国世代的起始日期以及由此决定的人数有一定的争议，但是美国人存在如表4-6所示的世代则是不争的事实。由于美国的世代研究历史悠久，因此表4-6以美国世代为例说明世代及其特点。以美国为例并没有失去一般性，这是因为除了战后婴儿潮之外，X、Y和Z一代的特点在全球许多地区有较高的共通性。

1. 沉默的一代

沉默的一代因海明威在小说《太阳照常升起》（*The Sun Also Rises*）中使用了"沉默的一代"作为题词而得名，也叫作迷失的一代、失落的一代。沉默的一代大致是指第一次世界大战期间出生的一代。由于当时的人们认为经历过第一次世界大战的这一代年轻人相比战前的一代不再那么容易被训练，因此被称为沉默的一代。

2. 婴儿潮

婴儿潮往往是指在某一时期及特定地区出生率大幅度提升的现象，第二次世界大战后的美国就经历了这样一个时代。不仅如此，在第二次世界大战后的中国台湾、日本等地都出现过婴儿潮现象。婴儿潮一代在2020年时的年龄大约为56~74岁，他们经历了美国经济繁荣时代，其成长过程饱受乐观情绪、冷战和嬉皮士运动的影响，是美国传统精神的代表和保持者。据报道，婴儿潮一代是电视、广播、杂志和报纸等传统媒体的最大消费者；更喜欢使用现金；更愿意帮助自己的孩子支付学费，帮助自己的孩子减轻债务等①。值得注意的是，为了与老朋友重新联系，婴儿潮一代也已经有90%的人有了脸书（Facebook）的账号。

3. X 一代

X 一代在 2020 年时的年龄为 40～55 岁。X 一代的名称出自道格拉斯·库普兰（Douglas Coupland）1991 年的同名小说②，随后开始流行起来。起初，该标签用于反映 X 一代的反文化、不信任组织，并热衷于寻找自己的声音。随后，有人认为之所以被叫作"X"是指他们的行为就像未知变量或未定义的期望，总是让人不了解。X 一代的行为一度成为社会关注的焦点。一项最新调查显示③，X 一代几乎所有的事情都落入了婴儿潮一代和 Y 一代的中间，例如他们的 Facebook 朋友和爱国主义的数量。调查还发现，X 世代最令人不安的特征是他们在财务上的困境。X 一代有比任何一代人高的平均债务负担，其平均债务负担从 2016—2019 年增长了约 10%（大约 11898 美元）；X 一代同时拥有最多的信用卡债务；在诸如外出就餐和购买彩票之类的非必需品上花费也最多。

虽然 X 一代在个性上受到较多争议，然而其在工作上的表现却也并非一无是处。他们更为直接，喜欢进行更开放、更坦诚的交谈，对精致却并不感兴趣。他们喜欢随时反馈，而非事情结束后突然而来的负面反馈。他们目睹了沉默一代的成员和婴儿潮一代在被鼓励长时间工作和艰苦努力的氛围中变成工作狂的状况，因此希望寻求工作与生活之间的平衡，并将这种观点带到了工作岗位。此外，由于他们出生和成长在信息时代到来之前的时代，因此他们表现出与技术的混合关系。一方面，他们在职业生涯的初期就可以使用互联网技术，另一方面在智能手机开始使用时就已经成年，因此他们学会了如何在没有网络的帮助下寻找答案，因此普遍重视人际交往，也表现出良好的职场协作能力。

4. Y 一代

Y 一代，也叫千禧一代，之所以称其为 Y 一代是因为在英文字母表中 Y 紧随着 X。

---

① https：//www.kasasa.com/articles/generations/gen-x-gen-y-gen-z。
② 书名为《X 一代》（*Generation X*）。
③ https：//www.theladders.com/career-advice/these-are-generation-x-characteristics-in-the-office-and-their-new-label。

他们在 2020 年时的年龄为 25~39 岁，在年龄上他们是美国的"中坚力量"。截至 2019 年 7 月 1 日，Y 一代超过婴儿潮一代成为美国最大的成年人口，这使得 Y 一代对美国的消费非常重要。

（1）价值观。Y 一代出生于信息技术发展的时代，对互联网、移动设备和社交媒体的使用和熟悉程度较高，因此也被称为数字原住民。Y 一代常被描述为个人主义、受过良好教育、精通技术、老练、成熟和有条理。他们以群体为导向，认为自己"酷"，有强烈的认同感，希望有自己特色的独特品牌作为自我表达的一种形式。与前几代人相比，这一群体的特点是积累、物质化和消费文化，这主要是技术创新的结果。

Y 一代成长于全球即时通信、媒体饱和与物质过剩的时代，拥有各种电子技术。即使是经济不景气时，他们的生活也没有受到太大的影响，仍然表现出"富裕"的状况。

尽管消费者的力量是任何上一代人都无法比拟的，但 Y 一代并不像 X 一代在同一年龄段那样忠诚于品牌，也不像 X 一代那样有品牌意识。Y 一代人表现出中年人的特点，即到了一定年龄后，对品牌标签的兴趣就会降低。Y 一代消费者也成长在这样一个时代，购物已经成为零售环境中体验性的娱乐形式。

（2）媒体习惯。一直以来人们都认为 Y 一代对传统广告持怀疑态度，不像前几代人那样受到传统媒体的影响，见表 4-7。

表 4-7　　　　　　　　Y 一代对传统媒体评价低或者极低的比例

媒体	比例/(%)
广告牌（billboards）	85
日报（daily newspapers）	79
直邮（direct mail）	70
免费社区报纸（free community papers）	86
店内广告（in-store ads）	60
杂志（magazines）	42
广播（radio）	50
周报（weekly newspaper）	70

Y 一代的主要信息来源是电子媒体，相关排序依次是：电视、互联网、杂志和广播。总体而言，Y 一代对传统印刷媒体的评级低于电子媒体，然而，Y 一代对媒体的态度看起来有些"自相矛盾"。一方面，他们对传统媒介在其信息源重要性的评价都是低或者极低；另一方面，电视在他们信息源中排第一。

此外，Y一代内部也存在较大的差异。例如，男性和女性的媒体习惯在日报、直邮、店内广告和杂志方面存在显著差异。更具体地说，女性更倾向于使用日报、直邮、店内广告和杂志。

（3）家庭特征。随着Y一代成年，调查发现了他们有关家庭的5个特征[1]。一是Y一代的家庭比任何其他世代的家庭更贫穷。2016年，美国将近1700万贫困家庭中有530万是Y一代（X一代和婴儿潮一代为520万）。二是Y一代家庭在全国租房者中占主导地位。2016年，Y一代租房人口为1840万（全美国为4590万）。Y一代与同龄的前几代年轻人相比，他们拥有住房的可能性也大大降低。三是大约有一半的同居夫妇家庭是Y一代。自2011年以来，Y一代所拥有的由未婚伴侣组成的家庭比任何其他成年一代都多。例如，2016年，全美国为830万同居夫妇，Y一代同居夫妇家庭为420万户主，超过50%。四是Y一代的单身母亲户主人数首次超过所有其他世代。2016年，美国有860万个由单亲母亲掌管的家庭，而Y一代约占400万个。五是Y一代成为拥有最多种族的一代。2016年，约有63万多种族Y一代为户主，相比之下，约有54万多种族X世代和类似数量的多种族婴儿潮一代。虽然Y一代最开始提出是针对美国市场，然而，英国也有Y一代。到2016年，他们大约有1380万人，占英国人口的21%。[2]

5. Z一代

Z一代在2020年为5~24岁。Z一代更多是世界世代而非某一国特有现象。Z一代也是数字原生世界，他们对智能手机之前的世界几乎没有记忆。Z一代也接受了迄今为止最好的教育。截至目前，有关Z世代的大多数研究都表明，Z世代的年轻人比以往任何时候都更少享乐主义，接受过最好的教育，表现得更好，但他们同时更孤独，也比较容易焦虑。经济学人对Z一代的描述为"压力大、情绪低落、考试缠身"。[3] 据报道，2020年1~6月，华西心理卫生中心门诊挂号量达13.7万，2019年全年为33.6万，两个数据在华西医院全院各科室门诊挂号量中均排第二。"国家卫健委发布的最新数据显示：我国17岁以下儿童青少年中，约3000万人受到各种情绪障碍和行为问题困扰，并且儿童心理问题门诊人数每年以10%的速度递增"[4]。

Z一代的许多方面都与X和Y一代较为接近，但在有些方面也不相同。为了探讨Z

---

[1] https://www.pewresearch.org/fact-tank/2017/09/06/5-facts-about-millennial-households/。
[2] https://www.theguardian.com/world/2016/mar/07/millennials-generation-y-guide-to-much-maligned-demographic。
[3] https://www.economist.com/graphic-detail/2019/02/27/generation-z-is-stressed-depressed-and-exam-obsessed。
[4] http://m.vlambda.com/wz_5kccVxyjiL8.html。

一代的行为特点，特别是其消费行为上的独特性，著名零售调查公司麦肯锡通过对巴西三个主要城市（累西腓、里约热内卢和圣保罗）的定性见解与跨越社会经济阶层的多代定量数据相结合，对三代人的成长环境、行为特点和消费进行了调查，结果见表4-8。

表4-8　　　　　　X、Y、Z一代在成长环境、行为特点和消费上的差异

维度	X一代	Y一代	Z一代
成长环境	(1) 政治转型期间； (2) 资本主义和精英统治	(1) 全球化； (2) 经济稳定； (3) 网络开始出现	(1) 移动时代和多重现实时代； (2) 社会网络； (3) 数字原住民
行为典型特点	(1) 唯物主义； (2) 竞争主义； (3) 个人主义	(1) 全球主义； (2) 不确定性； (3) 个人导向	(1) 不确定的身份； (2) 沟通交流的人； (3) 喜欢对话； (4) 现实主义
消费的特征	(1) 为身份而消费； (2) 品牌和汽车； (3) 喜欢奢侈品	(1) 消费经历； (2) 节日消费和旅行； (3) 消费旗舰商品	(1) 消费独特性； (2) 消费主义； (3) 道德消费

资料来源：https://www.mckinsey.com/industries/consumer-packaged-goods/our-insights/true-gen-generation-z-and-its-implications-for-companies.

6. 年代划分

在我国，常常以"70后""80后""90后"和"00后"，或者"70后""85后"和"95后"来区分世代。据银联和京东联合发布的大数据报告显示，我国目前消费的主力是"70后"，但"80后"和"90后"的消费比重上升迅速，见表4-9。

表4-9　　　　　　　　"70后""80后""90后"销售数据对比

调查类别	"70后"	"80后"	"90后"
2015年消费比例/(%)	54.4	35.8	9.8
2016年消费比例/(%)	50.9	37.1	12.0
2017年消费比例/(%)	49.4	37.8	12.8
2017年消费增速/(%)	37.2	73.2	49.5
线上消费比例/(%)	67	67	49
线下消费比例/(%)	33	33	51
人均日常消费金额/元	56676	61974	35107

续表

调查类别	"70后"	"80后"	"90后"
金额占比前8位的省份	北京市、广东省、上海市、江苏省、福建省、山东省、浙江省、四川省	广东省、北京市、上海市、江苏省、山东省、福建省、浙江省、河南省	广东省、北京市、江苏省、上海市、山东省、福建省、河南省
愿意为手机支付的平均价格/(元)	2133	2223	2329
愿意为电脑支付的平均价格/(元)	2388	2500	2422
典型智能商品	无人机	智能家电	智能路由器

资料来源：《2017年消费升级大数据报告》.

在国内的商业界，我们常听到"得'90后'得天下"的说法。一项以"90后"大学生的调查研究发现，"90后"大学生的消费呈现出生存消费的比重不断降低、享受消费和发展消费的比重日益提高的一般趋势；发展型需求和享受型需求已经可以与基本消费需求分庭抗礼；消费层次二元化，即城市和农村生源的大学生的消费呈现一定差异的局面。

4.4.3 教育和职业

教育和职业是高度相关的。我们都有这样的经验，某些商品往往是某个或某些职业的消费者购买，这主要是因为教育和职业：在相当大的程度上决定了人们的收入；教育和职业影响人们的思维、价值观、信息来源以及主要接触的人群等，而这些都影响消费行为。

1. 我国教育现状

我国人口受教育程度已经有了质的飞跃，见表4-10。

表4-10　　　　　　　　我国人口受教育程度变化

内容	1982年	1990年	2000年	2010年	2020年
全国高中及以上受教育程度人口比例/(%)	7.2	9.4	14.7	22.9	30.55
大专及以上受教育程度人口比例/(%)	0.6	1.4	3.6	8.9	15.47

资料来源：根据国家统计局公告数据（http://www.stats.gov.cn/xinwen/2021-03/01/content_5589503.html）整理.

尤其重要的是，我国接受高等教育的比例增加较快。根据教育部数据，2020年，全国共有普通高等学校2738所，各类高等教育在学总规模达4183万人，规模居世界第一①。此外，据瑞银的报告显示，"我国正处于一轮创新热潮之中，尤其在信息技术、新兴工业、家电等行业的创新和研发能力较强，人口红利将升级为'工程师红利'"。具体而言，"中国每年大学理工科的毕业生数量超过300万人，为美国的五倍，而与此同时，中国的研发人员薪资仅为美国的八分之一左右，这种'工程师红利'可以弥补人口红利逐渐消失所带来的影响"②。

2. 教育和职业对消费的影响

教育和职业首先影响人们的收入。虽然教育和职业对收入的影响并非函数式的关系，然而二者存在较高的相关关系则得到数据的支持，见表4-11。

表4-11　　　　　　　　　教育和职业与收入的关系

教育水平	男性/元	女性/元
无高中学历	24831	14521
高中学历	36753	24329
大学肄业	48237	32253
学士学历	72868	44078
硕士学历	88450	54517
专业学位	147518	87723

资料来源：霍金斯等. 消费者行为学 [M]. 13版. 陈荣，许销冰，译. 北京：机械工业出版社，2018：76.

4.5 文　　化

文化几乎存在于生活的方方面面，也通过各种方式对消费产生影响。例如，红色在我国是喜庆的颜色，逢年过节红色总是主色调。但是，不同国家的文化差异是显著的。在中国红色代表喜庆，而在美国绿色则代表类似的含义。即使在亚洲，我国文化认为荷花出淤泥而不染，常被用于表示纯洁之意，因此许多商品都带有荷花的元素；然而荷花

---

① http://www.moe.gov.cn/jyb_xwfb/gzdt_gzdt/s5987/202103/t20210301_516062.html。
② http://www.gov.cn/xinwen/2017-11/03/content_5237120.htm。

在日本被认为不吉祥之物，它意味着祭奠，相关元素主要用于与丧事有关的商品。可见，文化对消费的影响面极广，因此需要特别理解文化在消费者行为中的作用。

4.5.1 文化的内涵

1. 文化的界定

虽然人们常常谈到文化，然而对文化进行界定却并非易事。文化有广义和狭义之分。在广义上，文化是知识、信念、艺术、法律、伦理、风俗和其他由大多数社会成员所共有的能力、习惯等构成的复合体；在狭义上，文化是指一个社会所共同接受的信念、价值、风俗习惯和行为标准。

信念的英文是 belief，即对事实的认定。在我国，红色代表吉祥和喜庆就是一个信念；而在有些文化里，类似含义的代表颜色可能是绿色、黄色或其他颜色。

价值是对"什么比什么更重要"的信念，这包含以下两层含义：什么是重要的；这些重要因素的排序如何。信念和价值构成了人们行为标准的主要来源，即信念和价值构成了风俗习惯和行为标准的底层支撑。但是，风俗习惯和行为标准并不是被动不变的，它们的变化也塑造着人们的信念和价值。

在学术上，吉尔特·霍夫斯泰德（Geert Hofstede）对于国家文化用五个维度来测量，并得到了广泛认可。这五个维度是：权力距离、不确定性的回避、男性化和女性化、个人主义和集体主义、儒家思想。该测量方法也可以用于更小领域的文化测量。

2. 文化的特点

一般认为，文化具有以下 3 个特点。

（1）文化是一个综合概念，包含了知识、信念、艺术、法律、伦理和风俗等内容。由于文化包含的内容涵盖生活各个方面，因此文化影响个体行为的方方面面，自然也影响消费行为的各个方面。

（2）文化是后天习得而非与生俱来。人们的文化观是会变化的，例如移民后的行为往往会更吻合当地的文化。文化的习得性隐含着以下含义。

首先，既然是学习而得到，这意味着文化会处于变化中，因为人总体处于不断学习的状态。学习得快，文化变化得就快，反之亦然。

其次，文化的后天习得说明文化往往并非自然就该如此，更多是风俗习惯。大多数情况下，人们会将文化作为既定事实加以接受。既然如此，企业的营销活动可以适应文化，也可以塑造文化。虽然一般认为塑造文化会难得多，然而塑造成功后的收益也是巨大的，这一点在钻石、咖啡等商品，星巴克、苹果等品牌上都有体现。

（3）文化提供了特定群体行为和思想的边界。这里的边界是指：同一文化下的人有着类似的行动、思考或感受，身处其中的人并不会意识到文化的作用。然而一旦人们不按照已有的文化来行动、思考或感受，就会觉得不自然。因此，文化提供了行动、思考或感受是否觉得自然的边界。在高权力距离的文化中，人们往往对价格不敏感，这种不敏感是一种群体行为。

3. 文化对消费的影响途径

文化对消费的影响主要通过两条途径。一是提供规范，即指出哪种行为是合适的；二是制裁与约束，即对违反文化的行为给予处罚。事实上，多数情况下，人们除了在小时候表现出符合文化会被夸奖或者得到奖励外，成年之后表现出符合文化的行为并不会得到直接的奖励。

然而，当人们表现出不符合文化时往往会受到惩罚。事实上，我们确实可以认为没有惩罚就是奖励的一种。这主要是因为，许多人因为未能表现出吻合文化的要求而遭受到某种程度的损失。而在许多情境下，人们是根据相对比较而非绝对高低来进行选择的，这使得遵守文化的传统成为一种奖励因素。

几乎对于所有人而言，改变习惯都不是一件容易的事情。也许文化最大的作用是"这是一个习惯"，这句话在相当多的情况下就有足够的说服力。

4.5.2 中国的典型消费文化

每种文化体都有自己特定的文化组成部分，中国文化影响消费行为的特色主要在于：面子和关系消费、根消费、中庸文化以及和文化，其中面子、关系消费和根消费最具有代表性。

1. 面子和关系消费

面子是中国文化中的重要组成部分，包含"脸"和"面"两层含义。"脸"是为了迎合某一社会圈认同的现象，经过形象整合后表现出的认同性的心理和行为，而"面子"是指已经存在的行为在他人心目中的序列地位。一般而言，脸和面是一致的，但脸和面也存在不一致的情况（见图 4-1）。

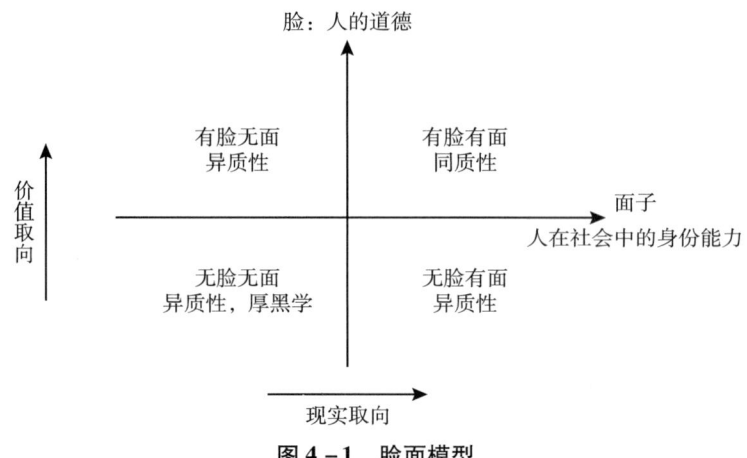

图 4-1 脸面模型

资料来源：卢泰宏. 中国消费者行为报告[M]. 北京：中国社会科学出版社，2005.

面子消费具有以下特点：面子更强调认知而非客观事实；对阶层高的人，面子具有传递性；对阶层低的人，面子不具有传递性；面子来源于东方文化的"耻感文化"，而西方是"罪感文化"；面子的本质是"第一"的价值观。

面子在我国是一个普遍存在的现象，在各个阶层都有。虽然面子消费可能花费不菲，然而人们如果基于"钱财事小，面子事大"的原则作出购买决策，那么面子消费时往往对价格并不敏感。这里的"钱财事小，面子事大"是一种价值观，它给消费者提供的决策信息是：面子比钱财更重要。

此外，由于面子的本质是心理地位，因此面子消费虽然是消费，但这种消费的功能属性并不突出，而更关注其象征性意义。这也是为什么与面子有关的商品，其包装往往特别讲究的原因。

不仅如此，由于面子决定的心理地位是有区别的，这也决定了人们在面子消费时存在档次的区隔。

面子消费的典型表现是礼品消费和象征性消费。

（1）礼品市场。礼品是人与人之间联系情感、表达情谊以及维持社会关系的重要媒介，也是加深人们沟通和交流的一种有效方式。我国具有重视礼仪的传统，也是礼品市场的大国。据中华全国工商业联合年会礼品业商会的数据，我国礼品市场规模在2017年首次突破1万亿元，在全球礼品市场排名第一，预测2023年中国礼品市场将达到1.5万亿元的市场规模。其中，促销礼品占比30%，福利礼品占比26%，个人礼品占比23%，商务礼品占比21%。

在礼品采购渠道方面，礼品行业电商快速发展。2018年，我国企业电商化采购市场规模约为3600亿元，同比增长80%，其中，京东企业购和阿里巴巴的占比达到81%，分别为51.2%和29.8%[①]。

在产品类别上，礼品市场也在不断变化。20世纪六七十年代的礼品主要是粮布票、钢笔等；七八十年代的代表是烟酒、点心、手表和自行车等；八九十年代的代表是股票、彩电、冰箱和录像机等；90年代后期则流行手提电脑、旅游、手机等。2019年，电子产品及电器、促销品、工艺礼品、文具及文创产品和美容及健康产品成为城市消费者的热门选择。而小家电、家居品、文艺品文具、运动、娱乐、旅行用品、游戏、玩具类和箱包等也受到了广泛的欢迎。值得注意的是，个性化礼品需求已经成为这个市场的显著特点。例如，以各大企业为目标顾客的针对特定商务场合的礼品、纪念品，批量定制的营销礼品，针对个人重大节日彼此馈赠的礼品等已经出现个性化和定制化的趋势。

就礼品特征而言，商务礼赠的礼品订单单价较高，注重产品的内涵和包装，需求类型较多，因此往往需要供应商有足够的备货；而促销礼品季节性强，对性价比要求较高，注重礼品的新意、关联性和实用性；而会议、推广活动的礼品由于肩负内容传播的功能，因此往往需要定制，对产品质量要求较高。

根据中华全国工商业联合年会礼品业商会的统计，近年来，我国礼品市场同时表现出四个发展趋势。一是迷你小家电等单身礼品增长迅速，这可能与"90后""00后"逐渐加入消费主体，单身经济的快速发展有关。二是礼品的定制化和个性化，近年来以普通老百姓走亲访友、参加派对等活动为购买目的个人情感礼品消费成为增量较为明显的需求主体，且礼品赠送者越来越重视与受礼者之间的沟通。三是消费者会更重视产品品质和品牌。目前，我国现有1万多家礼品生产企业，而产品品质和品牌在礼品市场得到更高的重视必然导致礼品市场更高的集中度。四是响应速度成为消费者关注的焦点。研究显示，2017年有35%的订单需要在5天或更少的时间内交付，响应速度已经成为礼品企业竞争的焦点之一。

（2）象征消费。象征消费往往包含两层含义。一是消费社会表现和社会交流过程，即通过占有、使用该商品来获得某种地位、身份、个性、品味或者向社会中其他个体传递某种特定的信息。二是消费者不仅消费商品，还消费商品所象征的某种社会文化意

---

① 参见中华全国工商业联合年会礼品业商会网站，http://www.chinagift.org.cn/nd.jsp?id=716。

义，通常包括心情、美感、氛围、气派和情调等。

象征消费和攀比消费、炫耀消费都出于脸面而强化，或者强化其社会地位。攀比消费来源于对比而形成的落差，炫耀消费强调的是对昂贵商品的支付能力，进而提升自我形象的行为。2020年热播剧《三十而已》中女主人公顾佳为了成功打入富太太圈而购买更好的女士包是攀比消费，而富太太们合影将包摆在前面则为炫耀消费。

2. 根消费

中国具有强烈而持久的根文化。我国历经几千年历史，之所以不仅没有被外来文化吞没反而融合外来文化，主要原因之一是重视生命、民族、社会价值的延续，即根文化。根文化的主要表现是：香火、宗族、裙带关系和乡土人情。由根文化发展出的根消费是以"延续"为目的的投入和花费，具体体现在：教育消费（和下一代有关）、清明消费（和上一代有关）、购房消费、仪式消费和节庆消费。

（1）教育消费。教育支出是我国根消费最典型的代表。家长对于孩子的教育的重视是跨收入、年龄和职业的。"再穷不能穷孩子，再苦不能苦教育"反映了教育消费在家庭甚至社会中的地位。

早在2003年，央行基于50个城市的调查显示，20.2%的居民储蓄动机是为了孩子的教育费用。2017年，新浪教育基于5万余份的调查数据发表了《2017中国家庭教育消费白皮书》，较全面阐述了我国教育消费的现状和教育消费行为的特征。总体而言，教育支出占到受调查家庭年收入的20%以上，其中，学龄前阶段平均占比26.39%，小学和中学占比21%，大学占比29%。家庭教育支出的主要内容包括生活费、学费、辅导班和兴趣爱好等，不同年龄阶段支出差异较大。大学前，教育支出主要为生活费和辅导班。在参加了辅导班的受调查家庭中，43.06%的受访家庭表示辅导班的支出是教育支出中最大的支出。在未参加辅导班的家庭中，27.27%的家庭表示是因为负担不起而未参加。可以看到，辅导班的支出是大学前家庭教育支出的最大部分。而对于有孩子在上大学的家庭而言，同学交往和兴趣爱好是最主要的支出，分别占到43.38%和35.16%。对于学费而言，57%的家庭表示能接受，29%的家庭表示超过了家庭的消费能力，只有14%的家庭认为学费的压力较小。在获取教育资讯上，67.60%的受访者通过网上渠道获取教育信息。其中，24.26%通过微信（QQ）家长群获取教育信息，19.39%通过政府和学校网站，14.13%通过门户网站，9.5%通过知识付费平台。此外，在孩子教育上，接近60%的家庭由妈妈决定。

（2）清明消费。清明消费也叫祭祖消费，是指所有与怀念先人有关的消费。传统的清明消费主要与"烧纸"有关，包括纸钱、"金元宝"，纸做的家电（例如冰箱、洗衣机、电视）和房屋等。随着网络经济的发展，一些以前不太常见的祭祖商品也逐步得到消费者的认可，如食物、珠宝首饰、麻将桌，甚至洋酒套装、新式电器（如 iPhone 及 iPad、笔记本电脑、按摩椅）等。而对于那些秉承绿色祭扫、文明祭扫理念的消费者，鲜花、花篮等成为新的选择。

传统的清明消费一定程度上带动了假日旅游。由于清明节有三天的假期，从 2019 年开始，短途游及相关消费成为网络热搜的关键词与话题。旅游经济带动了飞机、高铁等交通消费，也带动了以城市郊区周边烧烤、踏青和户外运动等为主要形式的相关商品的消费，主要包括：帐篷、睡袋、充气地垫、烤炉、汽车用品、零食和小朋友的玩具等。值得注意的是，从 2020 年开始，随着各地逐步出台对焚烧香蜡纸钱的限制，提倡云祭祖、文明祭祖，清明消费的传统部分需要有所创新，而清明节带来的假日消费比重可能会增加。

（3）购房消费。购房消费对每个国家的家庭而言都是一笔较大的支出，然而不同国家的购房消费在购物的许多方面都存在较大区别。购房在西方是养老的投资渠道；在国内则是家庭生活的开始。

什么因素影响购房消费？实证研究发现，宏观因素包括主体因素（消费者本身的因素）、客体因素（住房的特征）和环境因素（政策、经济、自然等）。在微观上，住房消费的事情通常是家庭全体成员而非个人作出的决策，因而家庭的数量与类型对住房消费有重要的影响。

我国消费者住房消费主要受收入影响也得到另一项以农民工为研究对象的佐证。研究发现，农民工在流入地的收入对其住房消费影响较大。此外，影响农民工是否购买住房的因素还包括：在老家有住房对其在流入地购房有负向影响，家庭食品消费、子女教育等非住房支出也会削弱其购房消费，而养老保险、医疗保险等社会保障因素对农民工购房消费的影响有限。

在国内，房屋与子女教育、家人医疗甚至退休等有关系，是否购房成为许多家庭生活是否"走上轨道"的标志。因此，只要经济允许，人们倾向于购买住房。此外，根文化会让我国消费者更愿意购买房屋，这在海外华人的消费行为上也有所体现。据报道，中国个体投资人在 2012 年美国购置私人住宅的海外投资者中所占的比例为 11%，投资总金额约为 90.8 亿美元，成为仅次于加拿大的第二大投资群体；而在英国，中国买家的交易量占据了伦敦核心区房地产市场总成交量的 7.4%，一手房产市场中更高达

25%，高于英国本地买家①。加拿大卑诗大学（UBC）一项针对温哥华、多伦多及蒙特利尔新移民的调查发现，华人的住房支出占其收入的31%~50%。美国华裔人口中，自己拥有住房的占62.2%，租赁房屋的占37.8%。华裔购房者月供比例多于收入1/3的占35.1%②。可以说，华人不仅喜欢买房，而且愿意花费较多收入在住房上。

（4）仪式消费和节庆消费。仪式是文化的组成部分。作为文明古国，我国是仪式最多的国家之一。这其中与根文化有关的包括：升学、高升、乔迁之喜、小孩满月和红白喜事等。

仪式早期与宗教息息相关，常被称为"宗教的手势语言"。随着神圣与世俗界限的日渐模糊，如今的仪式已经和宗教的关系较弱，仪式行为越来越多地出现在消费过程中，如成人礼、结婚礼、丧葬礼和饮酒礼等。

什么是仪式消费？社会学家认为仪式的作用主要是过渡，即人们使用仪式常常是因为个体生命阶段和社会地位发生重要转变，而仪式可以对这些转变起标志性作用；心理学家认为仪式的主要作用是获得新身份，仪式往往与象征性地获得新的身份与社会地位有关，且往往会通过后续的日常仪式对其进行巩固，从而实现真正的身份与社会地位转变。

具体而言，仪式消费主要有三种动机。

一是构建自我身份，人们往往借助仪式向外界传达其身份与地位的转变。由于身份与地位的转变往往并非一蹴而就，因此人们通常需要在以后的日常生活中运用其他仪式或者重复该仪式对其新身份进行巩固与强化。一般而言，个体如果遵守仪式往往会得到社会认同，而违背仪式则会导致身份构建失败并可能面临社会的惩罚。例如，虽然女性分娩常常会有疼痛③，但日本生育的女性通常避免在分娩过程中使用止痛药，因为她们认为分娩痛苦是构建母亲身份的仪式。

二是强化群体认同，即通过运用仪式以申明和强化其所在群体的共同价值观进而强化群体内成员的群体认同感。以饮酒仪式为例，香槟、起泡酒、鸡尾酒和啤酒经常出现于年轻人的聚会，人们往往高举起酒杯，大声欢呼并一饮而尽，进而传递出年轻人特有的活力、热情、喜悦或激动；高档红酒、白酒则更多出现在重要的贵宾接待或商务会餐等场合。即使同是商务场合，不同地方的人会有不同的选择。以白酒为例，在西北人们

---

① 邓中豪，翟永冠. 富裕人群海外购房成普遍现象［N］. 经济参考报，2013-10-18。
② 赵琼. 媒体称海外华人住房压力大 过半移民花一般收入［EB/OL］.（2012-03-21）［2021-09-16］. http://finance.sina.com.cn/china/20120321/072511639731.shtml。
③ 疼痛一般分为10级，分娩大约为7~8级，而9~10级为无法忍受。

一般选择"西凤酒",在新疆人们会选择"伊犁特曲",在安徽人们更愿意选择"口子窖",在四川人们喜欢选择"剑南春"和"五粮液",而"茅台"和"汾酒"也是接受度较高的选择。

三是获得与维护神圣体验。运用仪式消费进而获得神圣体验对个体而言是有意义的。近年来,热门的西藏旅行,除了西藏美不胜收的美景,人们还希望领略西藏神秘神圣的文化。虽然消费者可能并不了解藏文化,但正是这份神圣和神秘吸引消费者前来体验。

仪式往往和节庆相关联。如春节期间,窗花、爆竹、利是封等产品的销量会增加,端午节是消费粽子的时节。我国重要节日主要包括春节、元宵节、清明节、端午节和中秋节①,这些节日相关礼仪性产品见表4-12。而傣族的泼水节、蒙古族的那达慕大会、彝族的火把节、瑶族的达努节、白族的三月街、壮族的歌圩、藏族的藏历年和望果节、苗族的跳花节等各少数民族的节日也都有相应的礼仪性产品。

表4-12　　　　　　　　我国重要节日及其相关礼仪性产品

节日	礼仪性产品
春节	春联、年画、贴花、贴画、对联、门神、灯笼、气球、水果、烟、酒、糕点、鞭炮、烟花等
元宵节	汤圆、糖人、梨糕、茶汤等小吃,灯笼、孔明灯,各类小孩玩具、工艺品等
清明节	纸钱、蜡烛、鞭炮、烟火、风筝等
端午节	粽子、枣子、粽叶、艾草、皮蛋、咸蛋
中秋节	月饼

4.5.3　中国文化的内部结构性差异

由于中国消费群体巨大,且内部存在明显的差异,因此,文化的内部结构不可忽视。这种结构主要有纵横时空两条线,即中国消费世代差异和中国消费区域差异。

从时间上,中国消费世代差异十分明显,即纵向差别大。"70后""80后""90后""00后"是常见的对消费世代的表达。研究也发现,我国消费者根据民族中心主义倾向可以分为"文革"世代、婴儿潮世代和X世代这3个主流世代,而3个世代在民族中心主义倾向、集体主义、家庭观念等价值观因素上存在差异。

---

① http://www.gov.cn/test/2005-06/16/content_6859.htm。

从空间上，中国消费区域差异很重要。总体而言，中国市场因为文化的差异在横向差别上更似欧洲而非美国。例如，粽子作为老少皆宜的端午食品，一直以来北方地区吃甜粽子，主要是白粽子蘸糖；而南方地区则主要吃咸粽子，品种也更多样。研究发现，我国区域可以分为东北、华北、西北、西南、华南、华东和华中7个区域①，而这7个区域在"长期与短期导向""不确定回避""物质主义""时间导向""集体主义与个人主义""情绪化与情绪中"6个维度上存在区别。

4.6 亚 文 化

亚文化是主文化的组成部分。亚文化虽然是社会文化的一部分，然而他们与主流文化不同。亚文化一般具有三个特征：①可以察觉的等级结构；②群体内部具有共有的或类似的信念或价值观；③独特的用语、仪式及表达象征意义的行为方式。亚文化成员是群体外成员和那些希望加入的人行为的参考群体。

在许多国家，亚文化最主要的代表是种族亚文化。例如，美国就有非洲裔亚文化、拉美裔亚文化、亚裔亚文化、亚洲印度裔亚文化、阿拉伯裔亚文化和土著亚文化。在我国，也有藏族、维吾尔族等亚文化。随着互联网的兴起，消费亚文化更多体现为网络亚文化。

（1）酷文化。在世界范围内，"酷"都是重要的消费文化，特别是对青少年而言。当青少年认为一个商品或品牌酷时，通常代表着该商品或品牌时尚并吸引人。电动汽车、无人机等商品，哈雷、苹果和索尼等品牌都是"酷"的代表。

"酷"是一个比较复杂的概念，现在常用来指两种含义：一是用来表示一种对权力的反抗，如吸烟虽然有害健康，然而年轻人厌倦了上一辈的教导而反抗式地吸烟常常被同龄人称为"酷"；二是当某个商品代表非常棒或者很厉害时也被称为酷，如代表先进科技扫地机器人、无人机等人工智能产品等。

（2）二次元文化。二次元是动漫用语，意思是区别于一位和立体的"二维"，引申为在纸面或屏幕等平面上呈现的动画、游戏等作品中的角色。随着日本、美国等许多国

---

① 东北区域包括：黑龙江省、辽宁省、吉林省；华北区域包括：北京市、天津市、河北省、山西省、山东省；西北区域包括：内蒙古自治区、宁夏回族自治区、陕西省、甘肃省、青海省、新疆维吾尔自治区；西南区域包括：云南省、贵州省、四川省、重庆市、西藏自治区；华南区域包括：广东省、广西壮族自治区、海南省；华东区域包括：上海市、江苏省、浙江省、福建省、江西省、安徽省；华中区域包括：湖南省、湖北省、河南省。

家大制作动画片的引进，我国原创动画片《喜羊羊与灰太狼》等的热播，形成了与我们所观看、了解、喜欢、追捧的动画人物、故事情节及人物的服装服饰相关的消费市场和消费文化。二次元文化也从起初对动画片的喜爱逐步发展为对动画片副产品的喜爱，如钥匙坠、卡夹、玩具、服装、日用品、玩具、动画广告、卡通人物形象，这一现象在青少年中尤为明显。

二次元的基础是动漫（animation）、漫画（comic）和游戏（game），因此也常被称为 ACG 文化。后期，以漫画为插图的娱乐文学"轻小说"也得到以初中、高中生为主体的青睐。轻小说一般是指"可轻松阅读"，能提高故事传递效率的小说。轻小说浅显易懂，题材涉及青春、校园、恋爱、奇幻、科幻、神秘、恐怖、历史和推理等，包罗万象。《爱书的下克上》《最终之钥的碎片》《梦想收购店》等都是其中的典型代表。此外，声优（CV）和角色者（cosplay）也是有一定知名度的二次元文化。

二次元文化通常以讲故事的方式向读者传递扣人心弦的故事、唯美的画面、人生阅历和哲理、对文化内涵的探讨和世界的探寻等。许多读者之所以消费二次元文化是以更轻松的方式增长知识，丰富人生阅历和体验，释放自己的压力和寄托心中的梦想。

（3）耽美文化。耽美文化又称"唯美主义"。中国的耽美文化以互联网青年女性群体为主，以小说、漫画、同人文和同人视频等为内容载体。起初耽美文化主要表达女性的独特文化审美和对男权的反叛，然而随着该文化进入其他国家，耽美文化除了唯美主义以外，其他均已有所不同。

📖 本章小结

影响消费的外部因素分别为家庭、参考群体、社会声望、人口环境、文化和亚文化。

（1）许多产品都是以家庭为单位消费的，而家庭通过家庭生命周期、家庭成员的角色和家庭结构影响消费。

（2）参考群体通过信息、规范和认同对消费行为产生影响；参考群体的影响受到产品或品牌的使用可见性、个人对群体的忠诚度、该商品与群体的相关性和个人的购买信心的影响。角色是参考群体常见的表现形式。

（3）社会声望通过购物方式的差异、信息接收和处理的差异、休闲活动的差异和支出模式的差异对消费具有较强的影响。

（4）人口是对人口规模和分布、年龄、职业、教育和收入的总称，反映了消费的总体状况和结构差异，人口世代是典型的人口环境。

（5）文化是指一个社会所共同接受的信念、价值、风俗习惯和行为标准。文化提供了个体感觉行为"是否正常"的边界，且影响着人们的方方面面。亚文化虽然具有文化的共同特点，然而其独特性也同样重要。典型的亚文化包括种族亚文化，二次元、耽美文化是互联网时代的典型代表。

关 键 术 语

家庭	family
家庭生命周期	family life cycle
参考群体	reference group
角色	role
社会声望	societal rank
人口环境	demographics
文化	culture
面子	mianzi
亚文化	subculture

习 题

一、单选题

1. 任何会成为个人在形成其态度、价值或行为上的参考或比较对象的个人或群体是指（　　）。

　　A. 家庭　　　　　B. 参考群体　　　C. 角色　　　　　D. 社会声望

2. 群体对具有某种地位的个体，在特定情境下所规定和期待的行为模式是指（　　）。

　　A. 家庭　　　　　B. 参考群体　　　C. 角色　　　　　D. 社会声望

3. 社会声望通过上层阶级先消费，然后是中间阶层，最后向所有消费者蔓延，这种作用是指（　　）。

　　A. 行为规范　　　　　　　　　　　B. 阶层消费
　　C. 示范作用　　　　　　　　　　　D. 补偿消费

4. "突出个人价值，直接、喜欢反馈、希望工作和生活达到平衡"的是（　　）。

　　A. X一代　　　　　　　　　　　　B. Y一代
　　C. Z一代　　　　　　　　　　　　D. 婴儿潮一代

5. 以下对文化阐述正确的是（　　）。

A. 文化是一个确定的单一概念　　　　B. 文化通过提供奖励让人遵从

C. 文化主要是指伦理和风俗　　　　　D. 文化是后天习得而非先天获得

6. "为了迎合某一社会圈认同的现象，经过形象整合后表现出的认同性的心理和行为"是指（　　）。

A. 脸　　　　B. 面　　　　C. 脸和面　　　　D. 脸或面

二、多选题

1. 家庭生命周期一般包括哪几个阶段？（　　）

A. 单身阶段　　　　　　　　　　　　B. 婚配阶段

C. 育儿阶段　　　　　　　　　　　　D. 孩子成年阶段

E. 退休阶段

2. 家庭决策通常包含哪几种常见的角色？（　　）

A. 使用者　　　　　　　　　　　　　B. 购买者

C. 决策制定者　　　　　　　　　　　D. 影响者

E. 信息收集者

3. 一般对参考群体的划分标准包括（　　）。

A. 成员资格　　　　　　　　　　　　B. 联系强度

C. 接触类型　　　　　　　　　　　　D. 吸引力

E. 心里归属

4. 参考群体影响的方式是（　　）。

A. 信息性影响　　　　　　　　　　　B. 规范性影响

C. 认同性影响　　　　　　　　　　　D. 减少选择

E. 提供参考

5. 霍夫斯泰德对于国家文化用以下哪些维度来测量？（　　）

A. 权力距离　　　　　　　　　　　　B. 不确定性的回避

C. 男性化和女性化　　　　　　　　　D. 个人主义和集体主义

E. 儒家思想

6. 仪式消费的主要目的是（　　）。

A. 构建自我身份　　　　　　　　　　B. 强化群体认同

C. 获得与维护神圣体验　　　　　　　D. 节日

E. 商务场合

7. 对酷文化的阐述正确的是（　　）。

A. 冷冷的　　　　　　　　　　B. 帅

C. 冷静　　　　　　　　　　　D. 非常棒或者很厉害时

E. 对权力的反抗

三、思考题

1. 在我国，哪些商品的决策一般为孩子主导型？

2. X一代是否与我国的留守儿童存在一定的相似性？

3. "90后"消费有什么特点，为什么人们常说"得'90后'得天下"？

4. 除了耽美文化和二次元文化外，还有哪些网络消费亚文化？

第 5 章 影响消费者决策的内部因素 I

【教学目标与要求】

（1）了解感知的含义，掌握感知的过程和特点，了解感知对营销的重要性。

（2）了解情绪的含义，理解情绪之轮，掌握基本情绪的内容。

（3）掌握消费者的注意力对企业的重要性。

（4）理解感知就是事实的原理。

（5）掌握情绪的认知和感受组成部分。

（6）掌握情绪在营销中的运用策略。

【导入案例】

2019 年 1～3 月，全国电影票房总计达到 186.07 亿元，比 2018 年第一季度的 202.19 亿元减少 16 亿元。

然而，在不景气的大环境下，电影《比悲伤更悲伤的故事》却取得了良好的票房。首映爆冷即夺得单日票房冠军，口碑持续传播、迅速升温，微博和微信都有不少人为它刷屏，连续 3 天票房过亿元，截至 4 月 1 日，票房已经达到了 9.17 亿元。

《比悲伤更悲伤的故事》其实是一部"平凡"的电影：没有华丽炫技的特效，也没有扣人心弦的打斗场面，更没有热门 IP[①] 和流量明星的加持，而且还是以爱情为中心、套路有些老套的电影。然而，它抓住了大家的泪点，实现的是对观众的一种情绪消费。

情绪消费是近几年电影行业的新趋势之一。

喜剧电影通过笑点赢得消费者的认同。在喜剧市场，2015 年上映的《夏洛特烦恼》获得了 14.41 亿元的票房，2017 年《羞羞的铁拳》获得了 22.13 亿元的票房，2018 年的

---

① 知识财产（intellectual property，IP），本为知识产权的意思，常被指一个故事、一种形象、一件艺术品、一种流行文化，也可以指适合二次或多次改编开发的影视文学和游戏动漫等。

《西虹市首富》获得了 25.47 亿元的票房。

悲剧电影往往泪点的故事，也能获得消费者的喜爱。2017 年底上映的《前任 3：再见前任》获得了 19.41 亿元的票房；2018 年上映的《后来的我们》获得了 13.61 亿元的票房，2019 年上映的《比悲伤更悲伤的故事》最终获得了 9.2 亿元的票房。

资料来源：https：//baijiahao. baidu. com/s？id = 162975783/7572795718cwfr = spider&for = pc.

内部因素是指那些对消费者行为能直接产生影响的因素。外部因素通过内部因素对消费行为起作用，即外部因素间接作用于消费，而内部因素直接作用于消费。外部因素和内部因素的关系如图 5 – 1 所示。

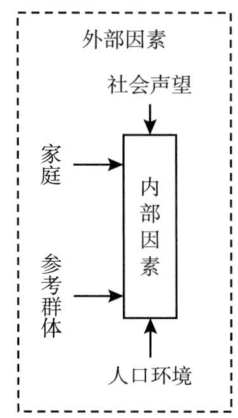

图 5 – 1　外部因素和内部因素的关系

内部因素包括：感知、情绪、学习和记忆、动机、态度、个性和生活方式。这些因素可以分为两类：感知和情绪是一类，学习和记忆、动机、态度、个性和生活方式是一类。本章先分析感知和情绪，它们是内部因素的基础。

5.1　感　　知

感知，也叫知觉，是影响消费行为的核心内部概念，对消费行为非常重要。感知和知觉的差异非常小，感知强调的是结果；知觉更强调过程。此外，在心理学领域人们更喜欢用知觉，在营销学领域更常用感知。

5.1.1 感知的含义

感知是人脑对刺激物整体的观察、感受、加工和解释的结果。从概念可以看到，感知的对象是刺激物，结果是对刺激物整体解释的结果，而解释经历了观察、感受和加工的过程。

当消费者拿起一部手机，观察手机的外观、屏幕的颜色和各种制作细节，触摸手机的用料、重量和手感，用手机播放音乐，体会它的运行和设计，最终消费者会就喜欢与否、好用与否、性价比高不高、质量高低、设计是否精良等一系列问题得出结论（解释）。在这里，用料、重量、手感和运行等是刺激物，结论是结果，主要来源于对刺激物的解释。

在感知形成的过程，我们的刺激主要来源于五大感官系统：视觉系统、听觉系统、触觉系统、嗅觉系统和味觉系统。感官系统采收了、接收了我们周围世界的各种各样的信息，让我们对周围的世界有一个直观且直接的反映。

在心理学领域，视觉系统、听觉系统、触觉系统、嗅觉系统和味觉系统的刺激被称为感觉，即

$$感知 = 感觉 + 解释$$
$$感觉 = 视觉、听觉、触觉、嗅觉和味觉的刺激$$

在日常环境中经常听到"我对谁有感觉"，此处的感觉在心理学领域指情感，关于情感在 5.2 节介绍。

1. 感官刺激及其特点

对感官刺激，可以从两个方面来加以分析和解释：感官的信息来源；感官的生理器官和特点。以视觉为例进行解释，在此基础上讨论听觉、触觉、嗅觉和味觉。

（1）视觉。视觉系统是人类获取信息最重要的感官系统，接受了人类大约 70% 的信息。接受视觉刺激的器官是眼球。

人的视力是大脑对视觉的解释。例如，当看到"书籍是人类的朋友"这句话时，眼球接收到了视觉信号，但是眼球不能理解其含义，只是对不同的线条进行了编码。大

脑在接收到这些编码信号①之后将其转换成我们能理解的概念、词组以及它们特定的逻辑关系，最终我们理解了它的含义。换而言之，眼球接收视觉信号，而大脑解释这个信号。

 资料卡

三种基本色：蓝色、绿色和红色

颜色有三种基本色：蓝色、绿色和红色。这是因为人有三种视锥细胞，它们分别对长波的红色、中波的绿色和短波的蓝色特别敏感，而不同的红绿蓝最终组合成了我们肉眼所见的各种颜色。所有波长组合在一起则成为白色。

眼球接收的信号是光线，即电磁波。当光照射到物体上后会反射电磁波，反射的电磁波保留了物体的特征（例如形状、颜色和位置等），从而眼球接收到信号也保留了物体的特征。电磁波有三个特征：波长、振幅和纯度，这三个特征对应了视觉的三个重要概念。波的长度决定了人感知到的颜色，波的振幅（波峰的高度）决定了光的亮度，而波的纯度（不同波长的波在组成部分的数量）决定了颜色的艳丽程度（也叫光的饱和度）。

人能看到的可见光是电磁光谱中的特定部分，只占光谱的很小一部分。颜色是大脑对能察觉到的波长的感知。其中，波长最长的是红色，最短的是深紫色。随着波长逐渐变短，大脑逐渐将这些波长解释为橙色、黄色、绿色、蓝色、靛色和紫色。

将波长传递给大脑的主要器官是视锥细胞和视杆细胞。视锥细胞能察觉颜色，并解读视觉的各种细节，而视杆细胞只能感受灰度的深浅。视杆细胞主要在光线暗淡的时候起作用，从而让我们的夜视能力增强，却并不能识别颜色。你可能有这样的经验，晚上在光线暗淡的时候看到的东西是没有颜色的，那是因为此时接受光线信号的是视杆细胞，而视杆细胞无法解读颜色。

（2）听觉。听觉是对声源振动的解释。声源引起声波，听觉神经上的神经冲动将声波传送到大脑皮质层的听觉中枢，进而产生的主观感觉。与视觉类似，声波的三个物理特点：频率、振幅和复杂度对应声音的三个特征，即音高、响度和音色。频率或者说

---

① 编码信号是指体内的传感器将视觉信号传给大脑，并负责把环境中的物理信号转换成编码后的神经信号传入中枢神经系统。

波长决定了声音多久进入耳朵,一般用赫兹来形容。振幅决定了声音的响度,通常用分贝来测量。常见的环境分贝的值见表 5-1。根据美国国家职业安全与健康研究所(National Institute for Occupational Safety and Health,NIOSH)的建议,85 分贝以上的声音会对听力造成伤害[①]。声波的复杂度构成了人们判断音色的基础。同样的分贝下,人们对不同频率的声波组合(复杂度)的评价有较大不同。"好声音"往往能让人感觉安静和舒适。

表 5-1 常见环境的分贝值

场景	振幅/分贝
耳语	15
冰箱的哼哼声	40
安静的办公室	50~60
正常对话	50~65
吹风机	70
拥挤城市的交通、学校食堂、洗衣房	85
地铁、地铁站台	88~95
汽车喇叭、交响乐团	110
救护车鸣笛	120
鞭炮	140

资料来源:根据 https://www.earq.com/hearing-health/decibels,https://hearinghealthfoundation.org/decibel-levels 相关数据整理.

"好声音"对消费者意义重大。一方面,60 分贝及以下的声音是听觉舒适的临界值。另一方面,好的声音更容易让人记住它,并引发消费者的购买欲望,以致著名定位概念提出者特劳特认为,营销最重要的工作是给产品取一个好名字。

(3)触觉。触觉是大脑对身体(主要是手和皮肤)通过触摸和抓握形成的解释。皮肤表皮下的四种感受器可以帮助人类感觉到压力、纹理、图案和皮肤振动,此外皮肤还能提供温度感应和痛觉等刺激。与视觉和听觉不同,触觉的刺激在大多数情况下是人主动探索的结果。

触摸似乎是人们体验世界的第一感觉,例如通过将母亲温暖柔和的触感等同于舒适和安全感。研究也发现,触觉往往与心理安全和接受相关。例如,婴儿苦恼时,拥抱会

---

① https://www.cdc.gov/niosh/topics/noise/。

让他更快地安静下来；我们和别人打招呼时也可以使用拥抱的方式。

发表在《科学》上的一项研究表明，触觉还会影响人们的决策。研究探索了物体的重量、质地和硬度如何在不知不觉中影响对无关事件和情况的判断①。在有关重量的研究中，研究者把不同的应聘者简历放在不同重量的剪贴板上面。当被试拿到较重的剪贴板时，他们更容易认为该简历的候选人是合格的，也更容易认为自己的工作很重要。为了测量质地的影响，研究者让参与者在听到有关社交互动的故事之前先做拼图游戏，拼图有粗糙和光滑两种，粗糙组的被试更有可能将故事中的互动描述为不协调和苛刻。为了测试硬度的影响，被试首先处理一个难题，一组的难题与柔软的毯子有关而另一组则与硬木块有关，随后受试者被告知一个关于主管与员工之间在工作场所互动的事件。结果发现，那些碰到硬木块的被试对员工的判断更加严厉。而在另一项有关硬度的实验中，被试分别坐在软椅子和硬椅子上与销售员就新车进行价格谈判，那些坐在硬椅子上的被试显示出更少的灵活性：他们对对方提供的价格感受更小，也更容易认为谈判中的对手情绪更稳定、情绪更少。正如作者所言，"通过触摸获得的信息会对认知产生广泛的影响，即使通常无法察觉"。

（4）嗅觉和味觉。嗅觉是人脑对嗅小球传递的有关有气味分子空气的反应。虽然人类有大约350种嗅觉感知器神经元，但是人类在能识别气味种类的能力上并不突出。有些狗的嗅觉感知器神经元是人类的100倍。然而，人类对能识别的气味敏感，能闻到某些浓度较低的味道。总之，人类闻不了较多的气味种类，但对能识别的味道却较敏感。

此外，人对气味的解释不完全是气味分子空气的反应，还是人主观加工的结果。例如，当我们走进面包店，闻到了面包的味道（客观刺激），回忆起大脑存储的许多气味的影响（主动加工），然后对味道作出判断。研究发现，人们可能首先根据大脑存储的信息对闻到的信息进行归类和判断，并结合客观闻到的气味对其进行判断。因此，当面对同样的白酒，一瓶标价200元，而另一瓶标价2000元，消费者很可能会认为标价2000元的"更好闻"。气味能帮助人们进行判断，这主要与信息素有关。信息素是相同物种的其他个体释放的气味。因此，婴儿能识别自己母亲的味道，父母也能很容易辨别自己孩子身上的味道。

味觉和嗅觉高度相关，它们经常需要一起工作才能完成任务。例如，有的葡萄酒品鉴师认为必须接受足够的嗅觉培训才能完全对葡萄酒进行鉴赏；而感冒时人们往往同时

---

① https：//www.ncbi.nlm.nih.gov/pmc/articles/PMC3005631。

失去味觉和嗅觉。

味觉是大脑对味蕾刺激的解释。人的味觉一方面来自遗传,另一方面受到后天的影响。人的味蕾只有 5000～10000 个,在数量上和视锥细胞无法相比,这可能就是人类只能识别几种味觉的原因。已有的研究认为,人类有 4 种味觉:咸、酸、苦和甜。对于鲜和辣是不是一种味觉还需要更多的探索。对于辣,现有研究认为它是一种灼烧感,并不是一种味觉。人与人之间在味觉上能体现出来的差异非常大。

我们的感知系统对外界的感知准确吗?总体而言不够准确。我们对外界的感知会受到噪声的影响。噪声包括外部环境的噪声和内部噪声。外部噪声是指来自外部环境无关的刺激。当我们接受视觉信号时,其他的光线是噪声;而当我们听特定声音时,所有其他的声音是噪声。内部噪声包括个人心情、动机、记忆和当下的身体状态等。总之,人的感官不是量杯或卡尺,容易受到较多因素的影响。

2. 感官刺激对人的意义

早期人们认为感官刺激提供了世界的信息,帮助我们了解世界。然而,后期的研究发现感官刺激的意义还不仅如此。感觉剥夺实验告诉我们,人类需要感官刺激。

为了探索感官对人的作用,学者开展了一系列研究。1954 年,学者以具有吸引力的价格招募大学生参加在加拿大一所大学进行的实验。被试需要做的事情看起来很容易,那就是躺在有光的小屋的床上。只要被试愿意,他可以尽可能长的时间参加。当然,吃饭、上厕所等基本活动都可以正常进行。为了尽可能剥夺被试的感官刺激,实验室被安装了隔音装置。为了减少视觉刺激,被试都被戴上了保护镜。为了减少触觉,他们的手臂都被戴上木棉手套,此外袖口处还套上长长的圆筒,头部则被垫上特制的枕头。为了减少听觉刺激,实验室给被试播放了感染听觉的声音。实验证明,虽然报酬较高,然而被试难以承受感官被剥夺后的感受,因此通常都会在第三天之前退出。

事后,参加实验的学生回忆到,在感觉被剥夺之后较难集中注意力。虽然许多被试都事先对这段时间进行了规划,然而在感觉被剥夺的情况下,人们难以进行事先的暗示。实验结束后,许多被试出现记忆力减退、注意力不集中,以致较简单的事情也错误不断。而那些持续时间较长的被试甚至出现更严重的生理障碍。

该实验还出现一些意想不到的结果:接受感觉剥夺实验的被试中有 50% 报告有幻觉,其中大多数是视幻觉,也有被试报告有听幻觉或触幻觉。其中,视觉幻觉大多出现在感觉被剥夺后的第三天。听觉幻觉包括狂吠声、打字声、警笛声、警钟声和滴水声等。触觉幻觉包括:感到前额和面颊被冰冷的钢块压住,感到有人从身体下面将床垫抽走。

感觉剥夺实验说明，人们需要外界的刺激用于保持正常的身体和心理。人的身心要想保持在正常的状态下进行工作，就需要不断从外界获得新的刺激。丰富的、多变的环境刺激是有机体生存与发展的必要条件。

3. 感觉和感知的区别

一般认为，感官刺激是感知的来源，感知是感官刺激加工的结果，但是感知却不是感官的简单相加，见表 5 – 2。

表 5 – 2　　　　　　　　　　　　感觉和感知的联系与差别

概念	加工对象	反应方式	特征
感觉	事物的个别属性	直接、较快速	客观
感知	事物的整体属性	间接、较缓慢	主观

在介绍味觉时，人对气味的解释不完全是对气味空气分子的反应，还是人主观加工的结果。人们普遍认为，从感官到感知有两种方式。以嗅觉为例，第一种是当人们闻到气味时，通过判断气味是否好闻；第二种是当人们闻到气味时，通过将闻到的气味和大脑中已经存储的气味联系，判断气味的种类，并根据大脑中的信息对其进行判断是否好闻，自己是否喜欢。第一种方式被称为自下而上的加工，意为感知始于感官刺激，然后再上升至大脑和心理的层次；第二种被称为自上而下的加工，意为人们根据以往的经验和知识，先从较高水平的心理过程来完成信息的加工和处理，进而形成感官认识。

4. 感知和认知的联系与差别

相当长的时间以来，人们一直认为在感知与更高层次的认知过程（使我们能够整合和解释我们的感官）之间存在清晰的界线。二者的区别在于，感知更多基于感官，而认知是大脑的抽象思维，感知可以提供认知的素材，认知可以指导感知。

然而最新的研究发现二者的差别相当模糊[1]。在一项实验中，研究者借助新方法使其能够以毫秒的速度和毫米的分辨率观察视觉处理，研究发现：人们从看到物体到将其识别和分类为植物或动物，大脑活动的流动都以极快的速度发生，具体而言是 160 毫秒。

婴儿在 4~6 个月就能感知到颜色，大约 1 岁才能认知到颜色这个概念。然而，对

---

[1] https：//www.psychologicalscience.org/observer/cognition-and-perception-is-there-really-a-distinction。

于成人而言,二者的差别几乎是同时发生的,是一回事。思考(或者说想)并不是看的高级活动,相反它是看的基础。

以下用一个例子来解释二者的差别。2020年5月30日,SpaceX猎鹰9号火箭搭载着载人飞船在9台默林(Merlin)发动机的推动下成功发射升空,19小时后飞船抵达国际空间站。这是一个历史性时刻,因为它也拉开了商业载人航天的时代序幕。在这之前,一直认为SpaceX更多是宣传作用。但是当看到猎鹰9号发射成功时,在经过一系列思考、分析和推理后得出结论:需要重新认识科技发展速度,可能之前的结论不对。我甚至把之前为什么认为SpaceX更多是宣传作用的依据拿出来重新进行思考,该过程是认知。

感知和认知在科学上的区别还需要更多研究的厘清,这可能是一个巨大工程。幸运的是,我们并不需要等到二者的关系真正清晰再来讨论,因为二者要表达的意思是明确的。如果放大感知的解释部分,它就是认知;如果感知的解释部分就是对感官的直接解释,那么认知包括对感知结果的抽象和深加工过程。"现在,就像心理学一样,在哲学上,将认知和感知基本视为同一件事已有很长的历史。"美国心理学会对认知的界定已经说明了二者的关系:认知是各种形式的知识和意识,例如感知、构想、记忆、推理、判断、想象和解决问题的能力[①]。

5.1.2 感知的过程

感知是感官刺激整体的、间接的主观结果,该过程可以分为展露、注意和解释三个阶段,如图5-2所示。

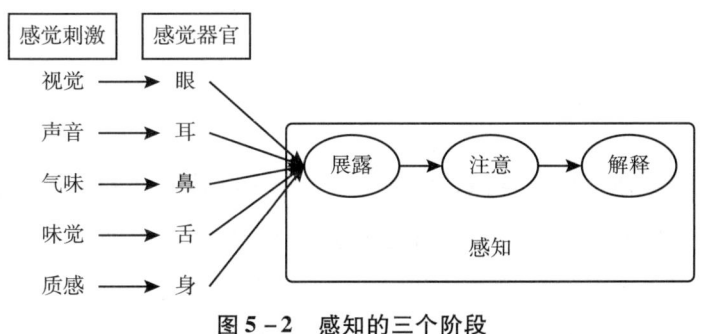

图5-2 感知的三个阶段

---

① https://dictionary.apa.org/cognition。

1. 展露

展露是指刺激物出现在人们的感官神经的接收范围内。展露只需要将刺激物出现在个体的环境中即可，并不要求个体必须接收该刺激信息。例如，几个朋友在地铁上聊天，而车厢的上部正在播放电视广告，虽然广告可能并没有被注意到，然而电视广告已经达到了展露的效果。

从展露的概念可以知道，消费者每天处理的信息只是其被展露信息的一小部分。消费者当下面对着严重的信息过载现象：每年出版上万种书籍、以百计的报纸，成百上千的电视台，无数的网站信息，数不尽的微信、微博、短信等都展露在消费者面前，然而消费者只能处理某几个电视台、某几个微信群，关注某几位微博大咖，阅读极少比例的书籍。

消费者也会主动寻求展露，此时其寻求的信息往往与实现某个目标有关，这种目标可以是短期目标也可以是长期目标。短期目标包括寻找娱乐项目、浏览网络帮助决策等，长期目标包括通过一门考试、寻求能力提升或者完成销售业绩等。

展露的主动性使得消费者会寻求或者刻意减少营销信息的接触。当消费者想刻意避开商业信息时，大多数商业广告在还没有收看之前就已经被有意避开了。与人们观看录像节目时跳过广告相类似，大多数电视广告、网络视频广告一出现，人们马上就换台或者转换一个频道。许多消费者习惯于跳过所有的电视和网站广告，但也有部分消费者会看广告。为了提高广告的展露性，许多视频网站，如优酷、爱奇艺、腾讯视频、油管（YouTube）等都允许广告在播放几秒后关闭，它们的思路很明显，与其让消费者看到广告就换台，还不如保证让消费者看几秒的广告。有些电视台和网站甚至在节目中间出现广告。

2. 注意

注意是指刺激物激活感官神经，由此引发的感受被传送到大脑作进一步的处理。一个显然的事实是，消费者时刻都面对着远远超过其处理能力的外界刺激物。例如，一个超级市场有上百万种商品，如果注意到每件商品将花很长时间。一个电视频道每周播放多达上万次广告，广播电台播放得更多。所以，消费者不得不有选择地关注商业和其他信息。

消费者的这种选择对营销工作提高了难度，然而这并不一定都是坏事，尤其是对那些希望与消费者沟通的营销者而言，因为如果只是想大而化之地沟通，消费者并不会注意到。

注意力如此重要，以至于人们常听到 21 世纪是注意力经济这样的说法。那么，什么样的策略可以提高企业被消费者注意的可能性？总体而言，刺激是否被注意受到三个方面因素的影响：刺激因素、个体因素和情景因素，以下主要关注前两个因素。

（1）刺激因素。刺激因素是与刺激物本身有关的特征。

①刺激的大小影响人们注意的可能性。通常而言，大的刺激物更容易被注意到，但一份全版面广告吸引到的注意并不是半幅广告的两倍。

研究发现，半页广告的市场阅读率是 40%，整页广告的市场阅读率是 51%，双页广告的市场阅读率是 58%，三页广告的市场阅读率是 62%。[①]

②强度的第一因素是频率。例如，脑白金的广告主要集中在春节前的 1~2 个月。这是因为，同样的广告在一段时间内密集型地播放可以增加记忆。脑白金在江苏一些地区的销售实验证明，春节前集中广告投入产出比最高。

许多企业采用了同样的策略。以手机厂商 vivo 为例，该企业常常将某个地铁站、商业街等全部印上该公司的广告，以高强度引起消费者的注意。

此外，刺激强度还包括音量大小、色彩明亮程度和物体移动等，它们也能起到增加强度的效果。

某些颜色通常比其他颜色更能激发消费者的情绪，这就是为什么法拉利的 F1 赛车是红色、迈凯伦的 F1 赛车设计成银色的原因。一般而言，鲜艳的颜色总是比暗淡的颜色更能引起人们的注意，红、橙、黄、棕等暖色调会比绿、蓝、紫、灰等冷色调更能让人兴奋。

③吸引力主要是指趣味性和愉悦性。人们喜欢愉悦、有趣味的内容，逃避厌恶、无趣的内容，因此有吸引力的内容更容易受到消费者喜爱。此外，在表现形式上，图片应该优于任何其他形式，包括文本和声音等。

吸引力应该考虑社会道德和文化。在欧美，为了提高吸引力，广告载体常常选择美女、小孩和野兽，尤其是性感火辣的女性，这被称为 3B 法则。然而，这种信息可能引发妇女保护等组织的反对以及部分消费者的反感。

④位置指的是物体在个体视线所及的范围。首先，处于视野正中的物体比处于边缘的物体更容易被人注意。在商超、杂货铺等销售场所，与视线平行的货位往往是商家竞争的焦点，因为该位置的商品容易处在消费者视线的中心位置。

[①] 戴·L. 马瑟斯博，德·I. 霍金斯. 消费者行为学 [M]. 13 版. 陈荣，许销冰，译. 北京：机械工业出版社，2018。

同理，在平面广告中，印在纸张右面上的广告比左面的更引人注意。电视广告在电视剧之间的广告播出顺序由最先移至最后，广告的收视率会显著降低。

⑤格式是指信息展示的方式。通常，简单、直接的方式比起复杂的方式会受到更多的注意。信息中加入需要人们费力理解的因素也会降低其关注的程度。那些缺乏明晰的视点或者移动不当的信息会增加人们处理的难度，难以吸引大多数人的注意，例如过快、过慢或跳跃性太强的信息。

在声音信息上，带有难以听懂的外国口音、音量不当、人为扭曲、过大的背景杂音等也会降低人们的注意力。值得注意的是，信息格式与个体是相互作用的，个体的特征也会影响信息格式。对有些人而言，太复杂的格式可能却被他们认为很有趣。因此设计信息格式必须充分考虑目标消费者的特征。

⑥对比指的是相对于那些与周围背景融合在一起的刺激物，我们更倾向于关注那些与背景反差大的刺激物。首先，当消费者已经习惯于某种水平的刺激物时，曾经很抢眼的广告也会逐渐失去对比效果，此时与背景鲜明的对比往往能提高消费者的注意度。其次，那些与消费者预期的广告内容有较大差别的广告会比那些典型的产品广告更吸引消费者。

⑦信息量更多涉及刺激物的整体领域而不是刺激物中某一个特定方面。对待消费者能处理的信息量，企业常常会犯两个错误：要么将消费者想得太专业，要么把消费者想得太简单。

消费者喜欢接触到的信息不能太简单，这样会认为很无趣。信息也不能太复杂，这样处理太辛苦。消费者不会为了享受被企业信息"折磨"而喜欢甚至购买企业的商品。即便有消费者，或者某些消费者在某个阶段愿意付出时间和精力的代价来处理信息，然而太复杂的信息不应该是常态。更重要的是，如果可以选择让消费者恰当接受的信息量，就不应该冒选择太多信息量而让消费者反感的风险。

（2）个体因素。个体因素是指个体的各种特征。在个体因素方面，消费者的注意主要受到兴趣、需要和能力的影响。兴趣是一种使注意力集中在某个物体、事件或过程上的感觉或情绪。兴趣往往包含其他更具体的心理学术语，例如好奇心和一定程度的惊喜。有时，兴趣是一个人整个生活方式的体现，同时也是个体长期目标、计划（如成为一名职业经理人）和暂时需要（如解决饥饿）的自然结果。短期目标、计划当然也受情境的影响。

需要是指未得到满足的状态，例如温饱、安全、自尊等。显然，当事物与需要相关时，更容易引发人们的兴趣，从而注意到它的可能性更高。

能力是一个人运用资源的结果，表现为成功的可能性。例如，当我们说一个人业务能力强，是说这个人在业务上成功的概率高。当然，能力强不意味着一直成功，但成功的概率会比能力低的人高。这里的能力是指处理信息的可能性。当消费者对产品、品牌等不熟悉时，其处理成功的可能性低，因此对相关信息不容易注意；反之，当消费者具有类似专家一样的知识时，其往往能更好地处理信息，因此也更容易注意到相关信息。事实上，消费者对一个品牌的熟悉度影响其对品牌信息的关注度：高或者低熟悉时较少关注相关信息，中等或者中等偏上熟悉时更喜欢关注。

总之，注意分为无意注意和主动注意。然而总体而言，个人的兴趣、需要和能力影响人们的注意，而有一定刺激强度、色彩鲜艳和有对比等特征的刺激也更容易引起人们的注意。

3. 解释

营销刺激物只有被个体理解或解释后才具有意义。解释是我们理解刺激并赋予其意义的过程。赋予事物意义需要分类。在信息被分类后，人们会将其叠加到生活中以赋予它们意义。解释是高度背景的，因为解释是将刺激物置于既存的意义范围内来赋予新意义的过程，它也是刺激物与消费者现有知识经验相互作用的过程。例如，随着人们使用智能手机的深入，对智能手机的分类会有较大的变化，从而对其解释也在发生变化。总之，解释是刺激物、个体和情景相互作用的结果。

（1）个体因素。刺激的解释是主观的，这意味着个人可以对完全相同的刺激得出不同的结论。特别值得注意的是，解释而非客观事实决定行为。首先，对于什么样的事实是客观的，不同的人有不同的标准。其次，对个人而言，解释即为客观事实。有学者用"字面意义"指代客观事实，用"心理意义"指代解释。例如，性价比对电脑消费者可能意味着经济划算，然而对汽车消费者可能意味着低档或者购买力不足。

此外，刺激会激发情绪，因此解释受到情绪的高度影响。许多感官刺激会激发类似的消费者情绪反应（例如，与狗玩耍在大多数国家都意味着温馨和和睦），但有些刺激在不同国家可能会引发不同的情绪（例如，荷花在中国代表舒适和愉悦，在日本代表哀悼和失落）。不仅如此，消费者的情绪会影响其对一件事情的解释，有关内容详见5.2节。

刺激的解释还受个人价值观、需求、信念、经验、期望和自我概念等个人因素影响。一些暂时性个人因素如饥饿、孤独、当时的心情等均会影响个体对既定刺激物的理解。在所有的因素中，影响力最大的是学习和期望。

在4.5节阐述到，文化是习得性结果。因此，消费者对待时间观等价值、颜色等偏好在许多情况下是习得的结果。例如，正餐在我国并没有确定的指定，可以是午餐也可以是晚餐，但是在有些地区是指午餐，而另一些地区则是晚餐。

个人对刺激物的理解倾向于与他们的期望相一致。当消费者购买著名品牌或奢侈品时，即使其对产品并不了解，消费者通常会认为这些商品的品质会高于无名品牌、知名度低的品牌或者低价的品牌。

（2）情景因素。很多情境特征会影响个人对感官刺激的理解。他人的选择、是否有他人在场、气温、信息传播媒体的性质和外界的干扰等都会影响到个体对信息的理解。个人可支配的时间的长短会影响到对营销信息的理解。

2020年的新冠肺炎疫情是一次突发事件，这次事件必然影响人们对待医疗、保险等产品的解释，也必然会影响到对厂家某些营销策略的解释。例如，在新冠肺炎疫情期间，高风险地区的人们和低风险地区的人们看待保险公司和商业保险广告时的解释是不同的，而处于哪种风险地区是情境性的。

4. 阈值

人们不能察觉到所有的感官刺激，有些刺激属于未察觉范围。阈值又叫临界值，是指一个效应能够产生的最低值或最高值。

（1）绝对阈值。图5-3是已知光的电磁光谱。在视觉部分，人能看到的可见光是电磁光谱中的特定部分，只占光谱的很小一部分（见图5-3中放大的部分），具体而言，可见光的波长为400nm~700nm。

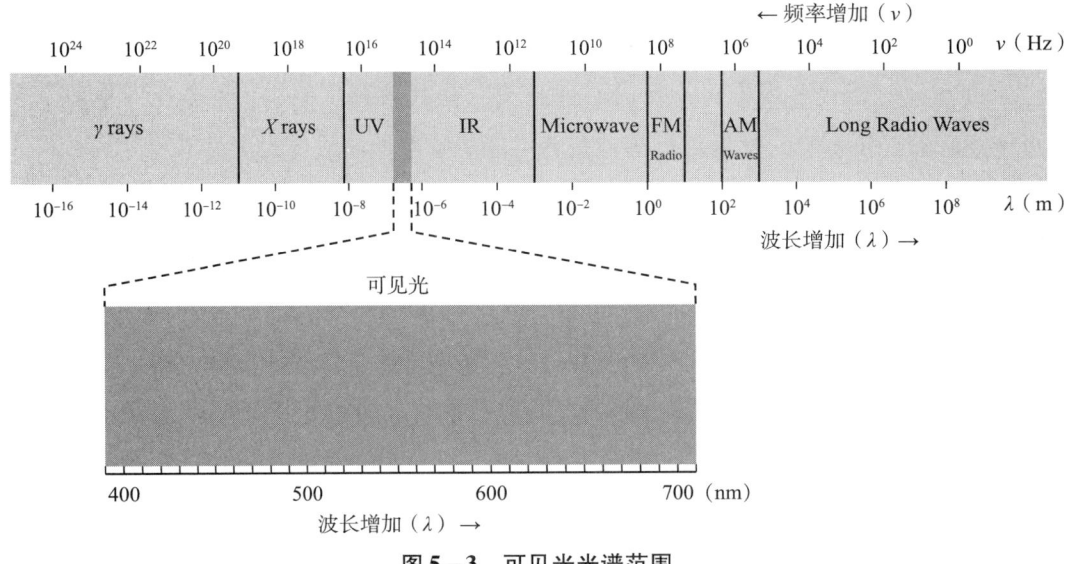

图5-3 可见光光谱范围

资料来源：https://zh.wikipedia.org/wiki/可见光.

许多光我们感受不到,然而它却存在。以红外线为例,其波长介于可见光和微微波之间。在人们使用三棱镜将光线分开后,科学家弗里德里希·威廉·赫歇尔(Friedrich Wilhelm Herschel)希望了解什么颜色的光线加热能力最强。他在分开的红橙黄绿蓝靛紫以及红色和紫色外部各放了一个温度计,结果发现,红色外部的温度计升温最快。赫歇尔意识到在红色外还有别的光,虽然肉眼不可见。他将其取名红外线,意思是红色外面的光线。

各种感官刺激都存在一个确定的量,低于这个量人们无法察觉,高于它人们能察觉,人们把这个值叫作绝对阈值,见表5-3。

表5-3 各感官的绝对阈值

感官	绝对阈值
视觉	晴朗夜空时,48千米外的烛光
听觉	安静环境下,一只手表在6米外滴答作响
触觉	苍蝇翅膀从1厘米外落入
香味	在一间六居室的房子里滴一滴香水
味觉	在1加仑*水中加一汤勺白糖

注:*表示1加仑约等于3.78升。

绝对阈值是这样测量出来的。通过将感官刺激逐步提高,当达到某一个值,50%的人能察觉到时,该值即为绝对阈值。

(2)相对阈值。在许多情况下,营销人员关注的是变动量对消费者感官刺激的影响。例如,100元的商品,消费者希望降价越多越好,然而企业希望降价到消费者刚刚能感觉到的水平。这种必须改变刺激量才能引起感知差异的数量叫作相对阈值(relative threshold),也叫恰感差量(just noticeable difference,JND)。

心理物理学家恩斯特·海因里希·韦伯(Ernst Heinrich Weber)发现:各种刺激强度的相对阈值与原始刺激的强度成正比,该发现被称为韦伯定律(Weber Law)。韦伯定律的意思是,在同类刺激之下,相对阈值的大小是原始刺激值的恒定比例,即

$$\frac{\Delta I}{I} = K$$

例如,如果需要将100瓦特的灯增加5瓦特才能使亮度差异被察觉,那么,要使1000瓦特的灯光变化到可察觉的视觉差异,则必须增加50瓦特,它们的比例都是5%(K值)。

各感官的相对阈值见表5-4。

表5-4　　　　　　　　　　　　各感官的相对阈值

感官	相对阈值
白色视觉	1/60
皮肤上热的痛觉	1/30
中部音量	1/10
皮肤点压觉	1/7
橡皮臭味	1/4
盐的咸味	1/3

以味觉为例，人们对于不同味道的敏感程度不同，具体而言，敏感度从高到低依次是苦味、酸味、咸味和甜味。喜欢吃甜食的消费者往往会越吃越甜，因为他们对甜不敏感。类似的情景也发生在咸味上。

5.1.3　感知的特点

感知具有3个重要的特点：简单性、整体性和选择性，它们是理解消费者感知的基础。

1. 简单性

面对同一个刺激，消费者可能同时面对简单的解释和复杂的解释，如果简单的解释能成立，人们更倾向于选择简单的解释。

如果商标就是为了标识和区分，消费者并不喜欢太复杂。

"在传播过度的社会中，人们唯一的防御就是让心智极度简化。"[①] 如果我们看特劳特的《定位》，他提到的"心智容量有限""传播渠道堵塞""产品爆炸"等都在告诉我们，消费者喜欢用简单的方式加工信息。

---

① 艾·里斯（Al Ries），杰克·特劳特（Jack Trout）. 定位：争夺用户心智的战争（经典重译版）[M]. 邓德隆，烨强，译. 北京：机械工业出版社，2017。

2. 整体性

人们倾向于感知到一个整体的事物而非分裂部分的集合，该观点在心理学领域被称为格式塔。格式塔有以下 4 个组织规律。

（1）封闭性。封闭性是指消费者会补充有缺口的信息。在图 5-4 中，人们会认为是一个正方形，而非四条线段。

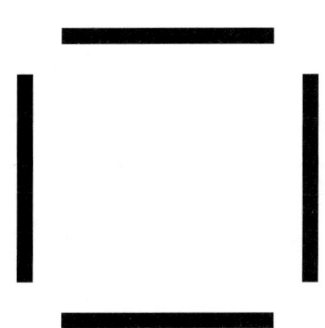

图 5-4　感知的封闭性

（2）接近性。接近性是人们对感知对象根据它们各部分彼此接近或邻近的程度而组合在一起的。具体而言，各部分越接近，人们将其组合在一起的可能性就越大。也就是相接近的东西，我们把它容易形成为一个整体。

在图 5-5 中，人们不会认为它是 20 个点的组合，而会认为左边是 4 条 5 个点的组合，右边是 3 列 6 个点的组合。之所以会这样组合是因为接近性。

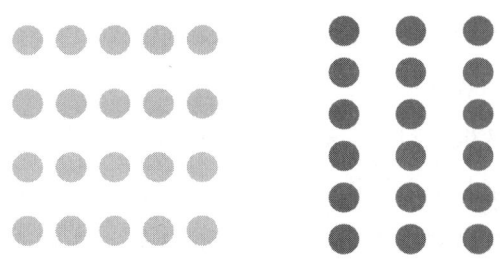

图 5-5　接近性

（3）连续性。在感知的过程中，人们往往倾向于使感知对象的直线继续成为直线，使曲线继续成为曲线，从而将其感知为一个整体。虽然 IBM 的商标中间有许多的段层，消费者仍然能轻易地将其识别为 IBM。

（4）相似性。相似性是指人们在感知时，对刺激对象相似的项目，在不被接近因素干扰的情况下，会倾向于把它们联合在一起，即相似的东西，我们容易把它认识成为一个整体。

在图5-6中，人们一般会认为是一排圆形和一排正方形的组合，而不会认为是6列圆点、正方形、圆点、正方形和圆点的组合，人们喜欢把相似的内容归为一类。

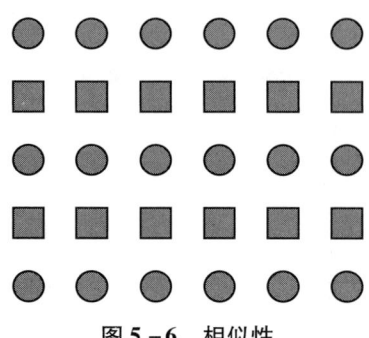

图5-6 相似性

3. 选择性

（1）选择性的含义。即使消费者已经注意到感官刺激，但是人们对刺激进行选择性地接受和理解，这被称为感知的选择性。选择性是感知的一大重点，主要包括选择性注意、选择性理解和选择性记忆。选择性注意是指尽管已经接触到这些刺激，但是人们并不可能完全注意到环境中所有的刺激，而会注意到某些刺激，也会忽略某些刺激。选择性理解也叫选择性扭曲，是指人们会对那些与自我的感觉或信念相冲突的信息进行改变或曲解。常见的感觉和信念来源于外表、刻板印象、无关的线索、第一印象和月晕效果等。选择性记忆是指人们通常只会记住那些支持个人感觉与信念的信息。总体而言，人们倾向于注意、理解那些支持自己想法的信息。

选择性还包括个体会根据自己的需要与兴趣，有目的地把某些刺激信息或刺激的某些方面作为感知对象而把其他事物作为背景进行组织加工。那些被选择的信息部分被称为感知对象，那些没有被选择的部分被称为感知背景。这种选择性也常被称为图地关系：图是指主要的感知对象，地是感知对象的陪衬，即通常所说的"背景"。许多人都看过的两可图是对图地关系的一种形象的表现。

（2）选择性的验证和结论。许多实验验证了东西方消费者在图地关系上的差异，包括著名的鱼缸实验①和框棒实验。

在鱼缸实验中,研究者向日本和美国参与者展示了 20 秒的水下场景动画短片,来自其中一个视频的静态照片如图 5-7 所示。在两次观看视频之后,要求参与者报告他们所看到的内容。研究者观察参与者最初提到的是一个突出的物体(突出物体意为比其他物体更大、移动更快、颜色更鲜艳的物体,即"图")还是背景(如水的颜色、场景的地板、惰性物体,即"地")。美国被试者在发表声明时首先提到重要物体的频率要比日本被试者高。相比之下,日本被试者从提及背景信息开始的频率几乎是美国被试者的两倍,日本被试者对背景的观察比美国人多 65%,日本被试者提到的物体与领域之间的关系几乎是美国被试者的两倍。研究还发现日本被试者比美国被试者更容易看到鱼的情绪。②

图 5-7 鱼缸实验研究中给被试观看视频的截图

鱼缸实验告诉我们,东亚人和西方人以不同的方式感知和思考世界。西方人倾向于关注某个焦点对象,分析其属性并对其进行分类,试图找出控制其行为的规则,使用的规则主要包括形式逻辑和因果分析,倾向于只关注对象;东亚人更倾向于关注一个广泛的感知和概念领域,注意到关系和变化,并根据家族相似性而不是类别成员关系对对象进行分组,即使是分析因果归因也容易强调语境。

研究者认为,之所以出现这样的结果可能是社会因素的作用。东亚人生活在一个复

---

①② https://www.pnas.org/content/100/19/11163。

杂的社会网络中，有着规定的角色关系。关注语境对这样社会的有效运作很重要。西方人生活在不那么拘束的社会世界里，他们有精力去关注这个对象及其生活目标。研究还发现，环境的物理"负担"也可能影响感知。东方的建筑环境比西方的建筑环境更为复杂，包含的对象更多。此外，东方的艺术产品强调环境，而不那么强调包括人在内的个人目标。西方艺术较少涉及环境，而是强调单个对象和人物。

相关研究结论也在棒框实验①中得到了验证。研究者让被试在右边的框里画一根与左边垂直线一样长的线，如图5-8所示。

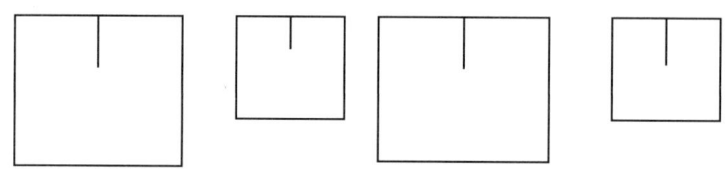

图5-8 棒框实验结果

研究发现，东方人和西方人在做棒框实验时，他们在右边框中画的棒长有显著差异。总体而言，东方人画得比较短，相对而言受框的影响很大；而西方人通常画得和左边的线一样长，不受框的影响。受框影响的思维叫作"相对认识"，不受框影响的思维叫作"绝对认识"。之所以这样是因为："相对认识"的人在进行相对判断时需要的认知资源较少，而进行绝对判断时需要的认知资源较多；反之，"绝对认识"的人在进行绝对判断时需要的认知资源较少，而进行相对判断时需要的认知资源较多。

5.1.4 感知和营销

营销人员往往通过信息来影响消费者决策，因此了解消费者对信息的感知对营销工作非常重要。由于该部分内容复杂，下面以案例的形式对一些重要的策略进行介绍。

感知对零售的影响。一般而言，零售企业将高利润商品摆放在人流量大的区域以增加展露程度，例如收银台是常被选择的地区。企业通过货架的合理摆放增加特定商品被注意到的可能性，这些商品既可能包括打折商品，也可能包括高毛利商品。商品打折信息和促销信息的设计需要有利于消费者的理解，便于选择。

---

① The rod-and-frame effect: The whole is less than the sum of its parts 有对棒框实验的详细解释，该论文可免费下载。

品牌也受到感知的强烈影响。如果你看到"海南的最南边的一块石头",你会想去看吗?但如果名字叫作"天涯海角",你可能会想去看看。事实上,商品名确实能对商品销售起到作用。好的商品名会促进商品销售,不好的商品名会妨碍商品销售。事实上,商品名的作用还不止于此。消费者会依据商品名来对商品、商品属性或品牌分类,而分类结果决定了消费者对商品的解释,例如对该商品的竞品的选择,这是一件相当严肃的事情。莎士比亚在《罗密欧与朱丽叶》中说"玫瑰换一个名字,芳香依旧"[1],这句话对营销而言并不一定成立。

对于商标也是如此。2007 年,吉利汽车斥资 350 万元向全球寻求新商标,设计"大师奖"1 名,奖金高达 200 万元。在相当长的时间内,吉利一直采用了椭圆形的"6 个 6"图案,意为 66 大顺。经历 2007 年全球征集新商标后,吉利形成了帝豪、英伦、全球鹰商标。2014 年,吉利将所有帝豪、英伦、全球鹰商标统一为原帝豪商标,随后进行数次小幅调整。[2]

此外,媒体选择、广告和包装也深受感知的影响。对于媒体选择,一个基本事实是,展露是消费者选择的结果,这意味着企业需要选择目标顾客最频繁接触的媒体。而对于广告,主要任务是引起消费者的注意。本节重点阐述感知对包装的影响。

包装需要完成的任务包括保护、运输、引起注意、传递信息和吸引购买,好的包装必须考虑感知的特点以完成后三项任务。

营销可以分为拉式策略(可以将其理解为吸引消费者的策略,常包括公共关系、塑造品牌、高价格等)和推式策略(可以将其理解为消费者推销的策略,常包括价格促销和人员推广等)。每个企业都希望消费者喜爱自己的商品,然而现实是大多数商品甚至做不到吸引消费者注意,也自然谈不上喜欢。此时,包装如果能吸引消费者注意将增加其被选择的概率。设想你站在超市货架面前选择牙膏,除了熟悉的品牌,是否发现那些一眼就能引起注意的包装的品牌最终被选择的可能性高?这就是通过包装引起注意所起到的作用。

好的包装需要能传递足够的重要信息,然而包装的空间有限,因此包装必须考虑消费者的感知。对消费者而言,包装上过多信息和过少信息都不好。

好的包装能让人爱不释手,让购买成为一种乐趣,自然增加了购买的吸引力。小米手机 3 发布时,雷军费心地介绍小米是如何设计牛皮纸的吗?雷军详细介绍了如何让包

---

[1] That which we call a rose by another word would smell as sweet。
[2] 详见《2020 年第二期浙江吉利控股集团有限公司债券募集说明书》第 63 页销售模式部分的说明。

装做到绝对直角。事实上，小米 3 的包装是当年网络讨论的热门话题之一。小米 3 怎么样需要很长时间的使用才能知道，而包装的牛皮纸的质感是一眼就能感知到的，因此它值得企业花费大量的资源来设计。

5.2 情　　绪

情绪对人的行为影响显而易见，因此它会影响消费行为。我国的文化很早就开始了对情绪的讨论，即常说人有七情六欲，这里的七情就是指七种情绪，具体是指喜、怒、哀、惧、爱、恶和欲。

5.2.1 情绪及其相近的词语

1. 情绪的含义

什么是情绪？一般认为，情绪是一个与特定生理活动模式联系在一起的积极或消极的体验。情绪，作为一个概念，似乎意味着一个人从一种状态"改变"或"移动"到另一种状态，如从悲伤或愤怒到高兴。格里格（Gerrig）和津巴多（Zimbardo）认为情绪由 4 个部分组成：身体成分、认知成分、面部表情和情绪反应。身体成分，可能表现为出汗、颤抖、脸色发白，或者脸色红润、双眼跳动等。该部分是神经系统的自发反应，它为人的下一步行为做准备。如果脸色发白，人们可能会离开；如果脸色红润，人们可能会靠近。认知成分包括伴随任何特定情绪的思想和信念，该部分类似于给身体所表达的内容提供了一个标签。面部表情就是人脸上的表情。情绪会体现在人脸上，人们也会通过他人脸上的表情来判断情绪。人们会对情绪作出反应，如兴奋时会手舞足蹈，难过时会低下头。

如果情绪是身体成分、认知成分、面部表情和情绪反应的集合，它们之间是什么关系？例如，以笔者本人为例，2001 年 7 月 13 日，我坐在电视机前观看国际奥委会对第 29 届夏季奥运会最终主办地的投票会议。当委员们一轮轮投票时，我时不时握紧拳头，深呼吸几次。能感觉到自己的心跳在加速，脸有微微的发红。我的面部不太放松，有些僵硬。我知道自己有些紧张，也可能是害怕。当国际奥委会主席萨马兰奇先生在莫斯科宣布：北京成为 2008 年奥运会主办城市时，我立刻从座位上站起来，挥舞了一下手臂，然后鼓掌。我感觉到我的面部放松了，而心跳加速的感觉也不见了。这时我很高兴，甚至有点兴奋。

对这种现象，威廉·詹姆斯（William James，1884）这样解释：我因为观看投票会议，引发了躯体活动（握紧拳头、深呼吸、心跳加速和脸微微发红），这些躯体活动产生了大脑的体验。也就是说，刺激引发生理反应，生理反应引发情绪，即情绪是对外界刺激引发的生理反应。这种解释常被称为詹姆斯—兰格理论。

詹姆斯的学生沃特·坎农（Cannon，1927）发现，该理论有瑕疵。首先，如果生理反应就会引发情绪，以脸红为例，当第一次见到自己心仪的异性会不自然地脸红（此时的情绪是害羞），然而发烧也会引发脸红，显然发烧不会引发害羞。此外，坎农还发现，人们的躯体反应在许多时候是落后情绪反应的。例如，难堪引发的脸红时间需要 15～30 秒，而难堪的情绪早在脸红之前就已经发生了。因此，坎农认为外界刺激同时激活了情绪和躯体反应。

1962 年，沙赫特（Schachter）和辛格（Singer）在总结前人的基础上提出了著名的二因素理论。根据该理论，情绪是对生理唤醒原因的解释。在前面的例子中，观看投票时，我握紧拳头、深呼吸、心跳加速并且脸微微发红，我的大脑寻求解释，此时我意识到是因为担心投票结果，于是大脑将观看投票、担心结果与身体反应联系，并将其解释为紧张或害怕。因此，沙赫特和辛格认为情绪是一种生理唤醒的感知。

这三种解释都有各自适用的地方，然而二因素理论得到了最多学者的认同。情绪和身体反应互为因果，即身体反应既是情绪的原因也是情绪的结果。

借助神经科学，勒杜（Ledou）在 2000 年探讨了人体的大脑组织杏仁核和恐惧情绪的关系。研究发现，外部刺激可以通过两条路径产生恐惧情绪。一条路径叫作"丘脑—杏仁核"通路，这是一条直接路径，会加快恐惧情绪的产生。对"丘脑—杏仁核"通路起调节作用的是皮下层组织（丘脑和胶体），它们会减缓恐惧情绪的产生[①]。因此，可以认为，对恐惧情绪而言，杏仁核是油门，皮下层组织是刹车。值得注意的是，皮下层组织的工作是缓慢的。当我在看直播时，外部刺激通过杏仁核迅速产生了恐惧情绪，然而皮下层组织会缓慢地告诉我"放轻松，北京这次肯定赢"，或者"别着急，即使这次不行，还有下次，一定会赢的"。

无论是哪种理论，都得出情绪是认知过程、生理状态和刺激因素共同作用的结果，其中认知因素对情绪的产生起最重要的作用。

---

① https：//www.annualreviews.org/doi/full/10.1146/annurev.neuro.23.1.155#_i19。

2. 与情绪相近的词语

情绪、情感、心情和感情的差别让人非常困扰，其联系和细微的差别见表5-5。

表5-5　　　　　　　　情绪、情感、心情和感情的界定

概念	英语	界定	内容或表达
心情	mood	任何短暂的情绪状态，通常强度较低	我心情不好，或者我心情很好
情绪	emotion	一个与特定生理活动模式联系在一起的积极或消极的体验	喜悦、惊奇、愤怒、悲伤、恐惧、厌恶
情感	affect	稳定性、深刻性和持久性的体验	我们的情感很深
感情	feeling	情绪和情感的综合体	所有的情绪和情感

情绪与心情不同，因为心情可以在缺乏刺激并且没有明确的起点时发生。例如，侮辱可以引发愤怒情绪，而愤怒心情可以在没有明显外部刺激的情况下产生。情绪和情感的差别是：情绪往往是情景性、机动性和暂时性的体验，也是发展的、原始的、直观的和生理的；而情感是稳定性、深刻性和持久性的体验。感情是情绪和情感的合集。我对某人有感情，这里的感情指的是情感。如果我说"我对某人有感觉"，这里的感觉也是指情感。

5.2.2　情绪的类别和组合

如何有效识别情绪曾长期困扰人们。通过付出较大的努力，研究者对情绪的认识有了一些颇有影响力的成果，主要包括：基本情绪和情绪之轮。

在心理学，愤怒、厌恶、恐惧、快乐、悲伤和惊讶常被认为是基本情绪，而其他情绪是这些基本情绪的混合，被称为混合情绪。这里的基本情绪可能与其字面意义不尽相同，其结论来自几份跨文化研究。在其中一项研究中，研究者让美国、阿根廷、巴西、智利和日本的被试，对各种各样的表情进行识别和判断，发现这些来自不同文化的人对这六种情绪的辨别有非常高的相同性和一致性。在另一项研究中，研究者选择了巴布亚新几内亚受试者去识别各种各样的面部表情的照片，发现他们也能识别工业文明下的一些常见情绪。在另一个研究中，研究者请美国被试去判断巴布亚新几内亚人的面部表情，发现美国被试对巴布亚新几内亚人面部表情的判断准确率也很高。研究者发现，愤

怒、厌恶、恐惧、快乐、悲伤和惊讶在人类文化中普遍存在，且不同文明都能相互识别，因此被称为基本情绪。虽然关于基本情绪的后续研究很多①，然而，六种基本情绪的观点得到最广泛的传播。

 资料卡

巴布亚新几内亚

巴布亚新几内亚是位于太平洋西南部的一个岛屿国家，位于太平洋西南部，西与印度尼西亚接壤，南与澳大利亚相望。

巴布亚新几内亚是世界上较不发达的国家之一。经济主要是农业。由于其发达程度较低，在实验中，它常被当作尚未工业化国家的代表。

"情绪之轮"由罗伯特·普鲁奇克（Robert Plutchik）提出，情绪之轮以细致醒目的方式呈现了不同情绪的形式、强度及其相对关系。情绪之轮提出了八种主要的成对的两极情绪：喜悦与悲伤、愤怒与恐惧、信任与厌恶、惊讶与期待。每种情感都用颜色编码，不同的情绪程度用深色和浅色表示。例如，在愤怒的情况下，愤怒是深红色，气愤则是较浅的红色，而恼怒则更像是粉红色。情绪之轮还包含八种与情绪相关的行为的组合，它们位于花朵形状之外的相邻的情绪之间，如表5-6和图5-9所示。

表5-6 情绪之轮的八种组合情绪

情绪或行动	组合情绪或行动
侵略性	愤怒+警惕
蔑视	厌恶+愤怒
悔恨	悲伤+厌恶
不赞成	惊喜+悲伤
敬畏	令人惊异+恐怖
顺从	恐怖+钦佩
爱	钦佩+狂喜
乐观	狂喜+警惕

---

① 2017年，在《美国国家科学院院刊》发表的文章中，研究人员确定了27种不同的情感类别，全文网址：https://www.pnas.org/content/early/2017/08/30/1702247114。

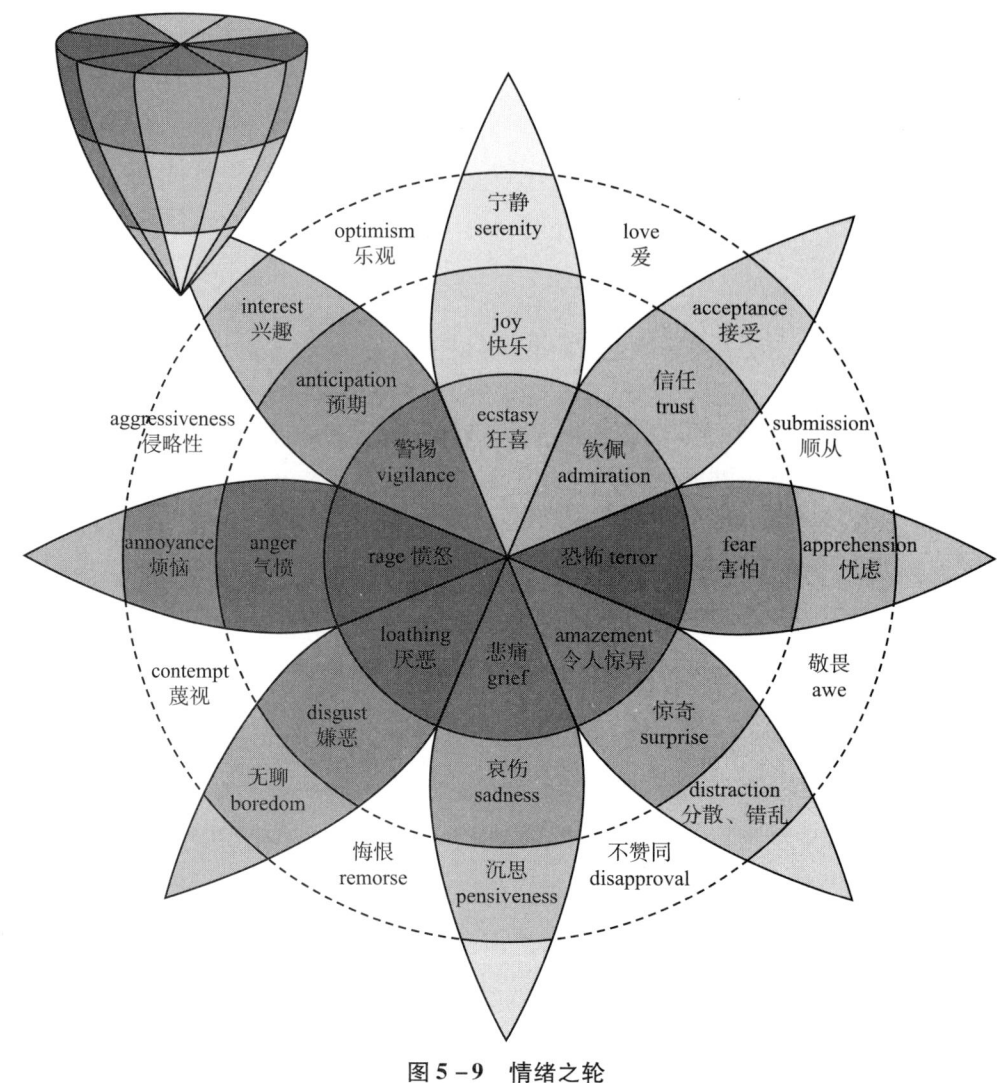

图5-9 情绪之轮

情绪之轮的思路是，人们很难描述一种情绪究竟是什么，然而，人们能清楚地说明一种情绪与另一种情绪之间的相似度。通过这种方法，科学家能将情绪的相似度用图形的方式标识出来。其中，对营销人员而言，两个维度的分类认为非常重要，即按正面效价还是负面效价、高唤醒还是低唤醒将人们的情绪进行了分类，见表5-7。

表5-7　　　　　　　　　　　　　　情绪分类

维度	高唤醒	低唤醒
正面效价	唤起、惊奇、兴奋、欣喜、愉快、快乐	高兴、满意、满足、安详、镇定、安逸、轻松
负面效价	惊慌、害怕、紧张、愤怒、悲伤、烦恼、沮丧	痛苦、抑郁、悲伤、悲观、厌烦、无精打采、厌倦

5.2.3 情绪和营销

在我国,情绪是轻微偏负面的词语,至少在工作场合是如此。常常听到人们说,不要有情绪。然而,对个人而言,情况可能完全不同。经验告诉自己:我们需要情绪。不管我们是否喜欢,人的行为总是与情绪相关。人们都明白一个道理:我们无法回避情绪,应该管理好情绪。情绪对人们而言至少有三个作用。一是情绪可以激发人们的心理能量。当有正面的情绪时,人们记忆东西更快,学习东西更快,做事情身轻如燕。事实上情绪像催化剂一样能帮助我们组织心理活动,从而帮助我们认识世界。二是人际交流需要情绪。当面对美好的事情时,我们会开心、愉悦,对他人的理解也需要借助情绪。没有人希望自己和他人是没有情绪的机器人。三是情绪能促进人与人之间的关系。没有什么能与他人共情从而更好地促进人与人之间的关系。

情绪对营销工作最重要的运用首先在于:情绪与动机高度相关。事实上,影响消费者动机最重要的因素是情绪。

有时,人们的确存在情绪管理不当,企业也可能会存在不正确面对和使用消费者情绪的情况。与情绪直接相关的营销策略主要有以下三种。

(1) 将激发正面情绪作为产品卖点。由于情绪在相当程度上是体验,因此消费者会主动需求那些以良好的体验(如情绪)为利益诉求点的产品,虽然消费者并不一定会认识到这一点。因此,激发良好的情绪是产品的卖点。迪士尼乐园向消费者传递说"我们创造梦幻"。事实上,迪士尼乐园、赌城、非洲原始旅游等惊险项目都是以激发消费者的情绪作为主要的卖点。电影、许多书籍和一些音乐也是如此。在大多数情况下,以情绪作为卖点的产品试图让消费者体会到正面、积极的情绪。不过,有些情况下,负面情绪(如恐惧)也会是消费者所乐意体验的,例如恐怖电影、各景点的鬼屋等。

(2) 将降低某种情绪作为产品卖点。有许多情绪对消费者而言是负面的,如心烦意乱、紧张、受挫、冲突、羞耻和尴尬等。许多产品的卖点都被设计成可以减少这些负面情绪。消费者也会寻求这些产品。宝洁公司的海飞丝的功效是去屑,然而其广告则是减少在职场、情场和个人生活的各种尴尬。此外,许多产品的主要功效就是减少各种负面情绪。

(3) 许多广告试图激发消费者情绪,即使产品本身并不能激发正面情绪或者减少负面情绪。以情绪激发为广告诉求可能让广告受众更活跃,广告本身也更容易被观众记住，甚至更容易被消费者喜欢。当消费者更活跃时，其对广告中的其他信息也更容易感知并投入更多的精力，广告的其他诉求会得到更好地传递。没有哪家企业希望自己做的广告被消费者遗忘。虽然消费者记住广告、喜欢广告并不一定意味着消费者喜欢该品牌，然而这二者总是相关的。

本章小结

感知和情绪是影响消费者行为的内部因素，它们在内部因素中处于特殊的起点地位。

感知是人们对刺激物整体的观察、感受、加工和解释的结果，会经历展露、注意和理解三个阶段。

感知的特点是：简单性、整体性和选择性，这使得人们的感知有时并不吻合客观事实，然而由于消费者是基于感知而非事实作出的决策，因此在营销界，感知即事实。

感知对广告、品牌、媒体选择和包装等营销策略的影响是明显的。

情绪一般认为是一个与特定生理活动模式联系在一起的积极或消极的体验，学者常常认为是一种生理唤醒的感知。从生理角度，情绪是杏仁核和皮质共同作用的结果。

情绪和情感、心情和感情有紧密的联系，也有略微的差异，这些概念常常让人混淆。

愤怒、厌恶、恐惧、快乐、悲伤和惊讶常被认为是基本情绪，罗伯特·普鲁奇克发展出以八种情绪为基础的情绪之轮。

情绪与每个人息息相关，因此将激发正面情绪作为产品卖点、降低某种情绪作为产品卖点以及激发消费者情绪常常成为企业营销策略的出发点。

关键术语

感知	perception
展露	exposure
注意	attention
解释	explanation
阈值	threshold
恰感差量	just noticeable difference
情绪	emotion
心情	mood

情绪之轮　　wheel of emotions

习　　题

一、单选题

1. 以下对感知的阐述，正确的是（　　）。

   A. 感知是感官的直接结果　　　　B. 感知等于解释

   C. 感知就是感觉　　　　　　　　D. 感知是感觉和解释的结合

2. 决定了人感知到的颜色的是光的（　　）。

   A. 波长　　　B. 振幅　　　C. 纯度　　　D. 亮度

3. 能传递"心理安全和接受"的感官是（　　）。

   A. 视觉　　　B. 听觉　　　C. 味觉　　　D. 触觉

4. 哪两种感官是紧密联系在一起的？（　　）

   A. 视觉和听觉　　　　　　　　B. 味觉和嗅觉

   C. 视觉和味觉　　　　　　　　D. 听觉和嗅觉

5. 必须改变刺激量才能引起感知差异的数量叫作（　　）。

   A. 绝对阈值　　B. 相对阈值　　C. 韦伯系数　　D. 感知

6. 沙赫特（Schachter）和辛格（Singer）的情绪二因素是指（　　）。

   A. 情绪是生理反应

   B. 外界刺激是同时激活了情绪和躯体反应

   C. 情绪是对生理唤醒原因的解释

   D. 情绪是杏仁核和皮质的结果

二、多选题

1. 感知的过程包括（　　）。

   A. 感官刺激　　B. 展露　　　C. 注意

   D. 解释　　　　E. 分析

2. 注意是刺激的结果，影响注意的刺激因素包括（　　）。

   A. 大小　　　　B. 强度　　　C. 吸引力

   D. 位置和运动　E. 格式

3. 感知的特点包括（　　）。

   A. 简单性　　　B. 整体性　　C. 相似性

   D. 连续性　　　E. 选择性

4. 基本情绪包括（   ）。

A. 愤怒　　　　　B. 厌恶　　　　　C. 恐惧

D. 快乐　　　　　E. 悲伤

5. 与情绪直接相关的营销策略包括（   ）。

A. 了解消费者情绪　　　　　　　B. 识别消费者情绪

C. 将激发正面情绪作为产品卖点　　D. 将降低某种情绪作为产品卖点

E. 激发消费者情绪

三、思考题

1. 感知的选择性特点包含哪三个部分？
2. 哪些因素能帮助提高刺激物被消费者注意到的可能性？
3. 相对阈值是如何界定的？
4. 基本情绪是如何被发现的？
5. 营销上一般使用什么标准对情绪分类？

第 6 章　影响消费者决策的内部因素 Ⅱ

【教学目标与要求】

(1) 了解学习和记忆、动机、态度的概念。
(2) 理解记忆、动机、态度、个性以及自我和生活方式对消费决策的影响。
(3) 理解企业如何设计营销策略能让消费拥有更长的记忆。
(4) 理解生活方式对营销宣传的作用。
(5) 理解个性的调节作用。
(6) 掌握消费者动机类型以及影响不同动机的因素。
(7) 掌握自我的概念，理解为什么自我是内部的核心因素。
(8) 运用相关概念对生活中的决策进行分析。

【导入案例】

汽车消费是工业文明消费的代表。国内汽车市场经历了近几年高速发展之后，增速已经放缓。2018 年首次出现负增长，全年销量 2808 万辆，同比下滑 2.8%。2020 年中国汽车工业协会公布的数据显示：我国汽车产销量分别达 2522.5 万辆和 2531.1 万辆，同比下降 2% 和 1.9%。

然而，我国豪华车市场一直处于增长的态势。

2020 年，以保险数据统计维度计算，国内豪华车零售市场销量为 323.6 万辆，同比增长 6.5%，占乘用车整体销量的 16.2%。超豪华品牌全年销量为 6100 辆，同比增长 15%。如果计入特斯拉、蔚来、理想三家电动车品牌销量，豪华车整体市场销量则超过 346 万辆，同比增长 11.4%，市场占有率为 17.4%。

一线豪华品牌均保持 5% 以上的增幅，其中，奔驰销量为 78.1 万辆，同比增长 9.1%；宝马销量为 75.9 万辆，同比增长 5.9%；奥迪销量为 73.2 万辆，同比增长 6.7%。二线豪华品牌中，雷克萨斯以 23.5 万辆、17.4% 的增幅，跃居豪华车销量第四；林肯在两款国产新车的销量带动下，全年销量突破6.2万辆，实现27.8%的销量增长。超豪华品牌中，宾利全年销售3200辆，同比增长44%；劳斯莱斯销售1146辆，同比增长6.6%。

不仅是我国市场，全球豪华汽车销售表现出五个方面的特征：豪华汽车市场份额渐增、豪华汽车品牌价格下探、豪华电动汽车越来越多、豪华SUV越来越多和豪华汽车消费心理的改变与多样化。

资料来源：https：//www.sohu.com/a/448658706_120868898，https：//www.sohu.com/a/115352884_104520.

本章讲述影响消费者行为内部因素的第二类因素：学习和记忆、动机、态度、个性以及自我和生活方式。

6.1 学习和记忆

消费者的行为很大程度是后天习得的，人们通过学习从而形成价值观、偏好、态度和品味等。学习还会改变消费者的思考方式、使用商品的方法以及与企业沟通的策略等。学习和记忆高度相关，可以认为记忆是学习的结果，因此将二者放在一个部分。内部影响因素关系如图6-1所示。

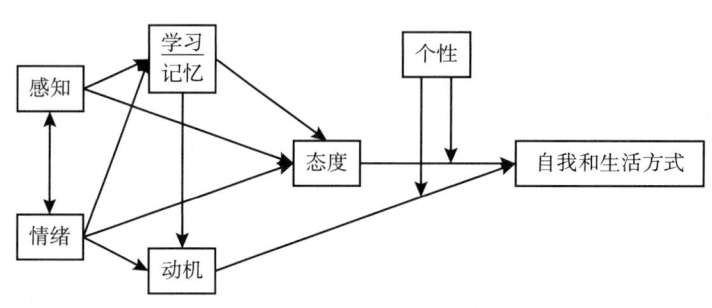

图6-1 内部影响因素关系

6.1.1 学习

学习通常被认为是学习处理的结果，具体表现为记忆或行为在内容或行动上相对持久的变化。

研究者对人们如何学习进行了一系列的探讨，理解学习的过程对营销工作显然是有意义的。

1. 条件反射

（1）操作和解释。条件反射也叫古典制约或经典条件反射（classical conditioning），由俄国生物和心理学家伊万·彼得罗维奇·巴甫洛夫通过动物实验探讨刺激与学习的关系而发现。

◇ **经典实验**

如何让狗分泌唾液（条件刺激，conditioned stimulus，CS）与铃铛声（无条件刺激，unconditioned stimulus，US））联系起来？巴甫洛夫的实验分为以下四步。

①建立无条件反射，即给狗食物（无条件刺激，即能可靠引发自然反应的刺激），狗的反应是分泌唾液（无条件反应，unconditioned response，UR，即无条件刺激引发的反应）。

②尝试条件反应（conditioned response，CR）。条件刺激一般是中性的，例如摇铃，但狗一般没有唾液分泌。

③条件反射期，通常是将条件刺激（摇铃）和无条件刺激依次出现。在巴普洛夫实验中，研究者会先摇铃，然后拿食物给狗，最后测量狗的唾液分泌。

④条件反射后，即在③的基础上拿掉无条件刺激，此时摇铃也会导致狗的唾液分泌。

概括而言，条件反射就是当条件刺激（铃声）与无条件刺激（食物）配对出现一段时间后，动物就学会把食物与声音联系起来。

经典条件反射的研究还发现，如果条件刺激与无条件刺激的配对消失而只出现条件刺激，这样的条件反射会快速消退。特别地，如果单独条件刺激的频率过高，那么条件刺激与无条件刺激的配对效果将消失，此时条件反射效应将消退。好消息是，即使如此（单独条件刺激），这样的条件反射并不会完全消除，在一段时间后，被试的条件反射会稳定在一个较低的水平。正如学习概念所阐述的那样，学习的结果是长期持久的行为改变。

（2）成立的条件和常见误区。如果某位艺人（无条件刺激）能引起许多人的正面情绪（无条件反应）。当这位艺人同时与某个品牌的运动鞋或其他商品（条件刺激）出现，那么该品牌与无条件反应就关联起来，这种关联是通过无条件刺激与条件刺激的配对实现的。

经典的条件反射在企业营销中大量存在，常见的策略是愉悦的音乐、富有魅力的模特、流行的名人、可爱的动物、美丽的风景和吸引人的赛事等。经典的条件反射对低介入购买尤其有效。当消费者对待外界信息只是"看一眼"或者"快速浏览"时，条件反射往往会发生。许多高速公路旁的广告都是明星大大的头像和品牌，消费者并不会过多留意，因此是低介入，然而这些广告却能起到条件反射的效果。

在有些情况下，经典的条件反射效果不佳。

一是经典的条件反射需要条件刺激比非条件刺激先出现，这常被称为前向条件反射。虽然后向条件反射时，即非条件刺激先于条件刺激，学习仍然会发生，但效果较差，且需要更多的学习才能起到关联。

二是条件刺激需要一定的新鲜度。经典条件反射是将非条件刺激与条件刺激进行"配对"，如果非条件刺激频繁出现，此时的配对是低效甚至无效的。在国内，明星会给很多企业做代言，然而这样的条件反射效果不佳。

三是消费者不需要多个条件反射来配对同一个条件反射。如果企业希望将一个属性（例如材料、科技或制作工艺等）、品牌和质量建立条件反射，那么属性或品牌中任意一个都足够而无需两个同时建立条件反射。之所以这样是因为存在阻滞效应。

"消费者没有足够的带宽来处理复杂信息"似乎再次出现，这可能就是特劳特说"消费者拒绝混乱"的原因。

2. 操作性条件反射

在经典条件反应实验中，狗只需要在那里等待食物，即无论其是否出现唾液分泌（条件反射），无条件刺激都出现，因此被试的行为是被动的。然而，人会主动在环境下寻求以获得奖赏。对"主动在环境下寻求并采取行为"的研究常被称为操作行为，这种学习被心理学家斯金纳（Skinner）叫作操作性条件反射。

（1）操作和解释。在斯金纳的术语里，操作的意思是"生物体所产生的对环境有影响的行为"，即生物体以某种方式对环境进行操作，而环境以强化或惩罚的方式来作出回应。由于斯金纳的实验主要在箱体中进行，因此常被称为斯金纳箱实验（Skinner Box）。通过斯金纳箱的典型实验之一来说明其背后的学习原理。例如，老鼠的上方有一个按钮，老鼠每按一下就会有食物掉到缺口中。当按按钮与掉食物结合，老鼠伸进缺口能寻找食物，这将强化其按按钮的行为，即"学习到按按钮与获取食物之间的关系"。

操作性条件反射和经典条件反射的最主要差异在于,操作性条件反射通过强化或者奖励来实现学习,因此刺激出现在反应之后。

斯金纳实验的四个关键词是:强化、惩罚、正性和负性。强化物是指增加行为反应发生概率的刺激或事件,惩罚物是指能减少惩罚发生概率的刺激或事件。一个刺激物是强化物还是惩罚物取决于它是增加还是减少了一个行为发生的概率。导致增加的是强化物,导致减少的是惩罚物。给予消费者积分一般而言是强化,因为积分增加了消费者特定行为出现(例如再购买)的概率。正性和负性容易造成误解:正性表示刺激出现,负性是指拿掉刺激。强化、惩罚、正性和负性共形成四种组合,见表6-1。正强化是奖励刺激出现,负强化是减少不悦的刺激,正惩罚是实施了令人不悦的刺激,负惩罚是减少了奖励。

表6-1　　　　　　　　　　　　强化和惩罚组合

	行为可能性增加	行为可能性减少
出现刺激	正强化	正惩罚
减少刺激	负强化	负惩罚

(2)结论。强化理论的基本思路是一个反应被强化的次数越多,就越有可能在将来重复出现,因为消费者认为这种反应(对环境的操作)发生了其期望的结果。

首先,强化比惩罚的效果要好。这其中主要的原因可能在于强化的期望是明确的,而惩罚的期望是不明确的。例如,孩子过马路,强化是正确地过马路;惩罚是指不正确过马路时的不愉快后果,然而虽然带来了不愉快后果,小孩子仍然并不知道正确的行为是什么。

强化和惩罚常常让人混淆。当家里的小孩哭闹着要玩手机时,家长给他以平息孩子的不安。这件事情,从家长角度是一个负强化,因为孩子没有哭闹了,然而从孩子角度是正强化,因为他的苦恼导致增加了积极的东西(玩手机)。

其次,强化的间隔时间不能太长。间隔越长,强化物有效性越小。在斯金纳的实验中,当老鼠按下按钮,如果食物延迟几秒出现则会导致随后老鼠的按压次数减少。如果间隔时间达到1分钟,则强化作用完全消失。同样的道理,当我们承诺给消费者奖励时,快速实现的效果会更好;如果要达到惩罚的效果,也需要如此。

(3)运用。强化的典型运用是试用商品。试用会确保消费者对产品进行第一次尝试。如果试用的商品被消费者接受（期望的反应），并且消费者在消费后喜爱该商品，那么强化（消费带来好的体验）会促使消费者重复购买。该购买行为是正强化。在此，消费者选择是对环境的操作，并出现了其期望的结果，那就是美好的购物体验，而美好的购物体验起到了强化的作用。

任何让消费者愉悦的行为都可以起到强化的作用。"一个反应被强化的次数越多，就越有可能在将来重复。"事实上，当消费者试用时，企业往往会派发第一次购买的优惠券，消费者在试用后可能还会被第一次购买的体验而强化，从而激发更多的购买。在营销中，除了试用商品，引发正强化的工具通常还包括：优惠券、消费积分、折扣、奖品和分享积分等。

分享、拼单和红包是一种概率强化。当我们分享而获得红包时，红包往往不是确定的，有时是0.5元，有时是1元。根据强化理论，这并不会减弱强化作用。

有些营销策略的强化效应比较明显，消费者容易感知，有些则比较隐晦，消费者不容易感知。比较明显的包括：①在销售完成后，通过邮件、人员回访、电话等形式对购买者作出了明智的决策表示祝贺；②对于光临某一特定商店的购买者给予商品赠券、折扣和优惠券等奖励；③对购买特定品牌或特定型号商品的消费者给予折扣、赠券、小玩具和优惠券等奖励；④免费赠送试用品、优惠券、代金券等鼓励消费者试用产品等。比较隐晦的包括：①使产品质量保持一致；②通过对购物场所的装修、空调设施和布置等进行精美准备，使购物场所令人愉快等。无论是哪一种效应，强化都会起到作用。

3. 认知学习

人类的知识总体是通过概念及概念之间的关系组织的。认知学习是指为了解决问题而进行的包含概念、事实和推理等方面的学习。与营销工作有关的重要认知学习有三种：图标式学习、模仿和分析推理。

当消费者看到"好空调，格力造"时，这里包含两个概念：好空调和格力，不断地强调和重复让消费者将二者联系起来。图标式学习是机械地学习到概念及概念间关系。在早期，格力并没有告诉人们为什么格力空调好，但是通过重复的概念联系让消费者学习二者的联系。

第6章 影响消费者决策的内部因素 II

背景知识

好空调，格力造

20世纪八九十年代，空调作为"奢侈品"走进中国家庭。受限于当时的市场消费水平和空调行业技术发展水平，消费者对"好空调"的标准是朴素而宽泛的质量好、寿命长。

于是，格力提出"好空调，格力造"的战略定位，以"质量为王"的诚信与匠心在中国空调行业空前发展的黄金时代立稳了脚跟，继而领跑行业。

图标式学习不需要太多的脑力，常常发生在低介入度状态下，因此对于那些复杂问题或者消费者已经有认知的场合并不合适。一个新的品类、新的属性甚至一个新的品牌，往往更容易建立图标式学习。因此，美的无法简单地重复广告语"好空调，美的造"而让消费者学习到二者的关系，但美的可以创造一个新概念建立图标式学习，例如"负离子空调，美的造"。

人们都会根据观察到他人的行为和后果来调整自己的行为，这叫作模仿。模仿大量存在，可以是低介入度也可以是高介入度的。以穿着为例，在低介入度下，我们随意看看路人的穿着、电视剧电影的服饰就可以调整自己的装扮；在工作场合往往是高介入度的，我们刻意观察上级和同事的穿着来规划自己的装扮。

人们还会根据已有信息对其进行重构和组合，并形成新的概念、联想和观点，这叫作分析推理。其中，常见的方式是类推，即根据现有知识理解新事物。当消费者建立了高价=高质的认知后，在其看到新的高价商品时，新商品也被赋予高质量的特征。

6.1.2 记忆

记忆是指随着时间推移存储和提取信息的能力，主要是学习的结果。记忆对人非常重要，这是因为人们自己的意识在很大程度上是记忆的结果。

记忆包含三个步骤：编码、存储和提取。记忆的步骤非常类似电脑硬盘的存储：计算机将各种信息转换为二进制信息（编码），然后存储在硬盘里（存储），在必要的时候通过索引等找到并提取出来供人们使用（提取）。

1. 编码、存储和提取

（1）编码。编码是信息从一种形式或格式转换为另一种形式的过程。在记忆中，编码将知觉转换为记忆，帮助人们从短期记忆转换成长期记忆。编码对记忆非常重要，因为记忆是被构建的，即人们把新信息加入旧信息，进行融合形成记忆。

常见的编码方式包括：语义编码、视觉表象编码和组块编码。语义编码是通过词语对信息进行加工，按意义、系统分类或把语言材料用自己能理解的语言加以组织和概括，找出资料的逻辑关系，按语义特征进行编码。简略说，语义编码是按照词语的意义来编码。语义编码能明显增加长期记忆。视觉表象编码是将信息转变为心理图画的过程。当我们将信息与已经存在大脑中的图像进行联系时，更容易赋予它意义，从而更容易记住它。也许对消费而言，最重要的编码是组块编码。组块编码是根据一系列项目间的关系将信息进行归类的过程。许多人是通过分类的方法将18位身份证号码分"6+8+3+1"这4组来记住的：前6位是出生地地址码，中间8位是出生日期，接着3位数字是顺序码，最后1位是校验码。当回忆我们的购物，也经常会用到该方式：家电、服饰、家庭使用和食品等，这些是组块编码；而当看到企业信息时，我们是用组块来记忆的，该产品是乘用车，那是SUV，而另外一个是生产MPV的。

（2）存储。存储是指随着时间推移保存记忆的过程。存储一般可以分为3类：感觉记忆、短期记忆和长期记忆。感觉记忆是指将感觉信息保存几秒或更短时间。在感觉记忆中，视觉记忆通常在1秒或更短时间内消退，声音记忆在5秒或更短时间内消退。

对消费者行为更有意义的是短期记忆和长期记忆。短期记忆和长期记忆并非在生理上有区分，而是根据工作状态区分的：短期记忆是记忆中处于活跃状态或处于工作状态的部分，长期记忆则需要唤醒。

短期记忆保留时间在1分钟以内。一位新朋友告诉我们电话号码，可能刚刚还记得，过1分钟后不记得了，这些是短期记忆。关于短期记忆，米勒（Miller）发现人们可以在短期记忆中保留7个"项目"，正负两个，米勒将7称为魔力数字。米勒认为，短期记忆存储了信息的"块"，而不是单个数字或字母。这可以解释为什么我们能够回忆7位数字的内容，例如手机号码。当尝试记住一个包含11位数字的电话号码时，将信息分成几组，例如：××× ×××× ××××，因此只需要记住3组信息而不是11位数字。同样的道理，我们记住了中药牙膏这一个组里的7个以内的品牌，清洁牙齿的7个以下的牙膏品牌。

◇ 经典研究

米勒和助手让听众听不同的音调,这些音调以相等的对数步长为 100～8000cps 的范围内覆盖。一个音调响起,听者给出一个数字作为回应。在听者作出回应后,他被告知语调的正确识别。当只使用两三个音调时,听者从不混淆。对于四个不同的声调,混淆也极为罕见,但是对于五个或更多的声调,混淆是很常见的,听众对 14 个不同的音调则犯了许多错误。米勒将结果进行了总结,如图 6-2 所示。

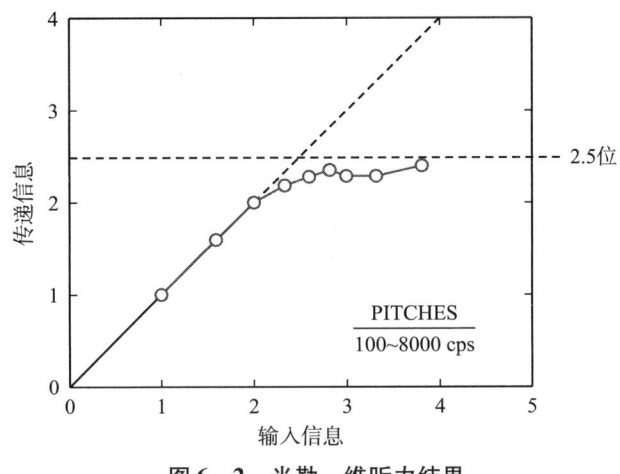

图 6-2 米勒一维听力结果

纵坐标的 2.5 位是该信息的关键信息。人们对一维绝对判断最大的性能可被表征为具有约 2～3(2.5)位的信息信道容量的比特信息,其对应于能力介于 4 个和 8 个之间的替代品区分。通过后续的一系列视觉等相关的研究,米勒总结道,人们对一维数据的区分能力是 7 个左右。该实验的本意是听力的一维区分能力,但是由于短期记忆主要是基于声学的,人们甚至会将视觉信息转换成声音,因此该研究可以认为是人们短期分辨能力的体现。由于短期分辨能力是基于短期记忆的,于是 7 和短期记忆联系起来。

资料来源:https://psychclassics.yorku.ca/Miller/.

米勒理论的原意其实是人大脑在一维数据中的分辨力。然而,该发现在较大程度上改变了营销学。特劳特正是运用这一结论提出了著名的定位[1]。特劳特的定位不仅是差异化,更是寻找能被记住的组别。因为根据米勒的发现,企业有效的策略自然是发展出

---

[1] 艾·里斯(Al Ries),杰克·特劳特(Jack Trout). 定位:争夺用户心智的战争(经典重译版)(定位经典丛书)(Kindle 位置 770)。

一个新的组别。产品的组别在营销学里常被称为品类。新品类的结果一定是差异化的,因为它是新的产品类别。因此,根据特劳特的理论,差异化既是刻意追求的过程,也是新品类情况下自然而然的结果。

 小知识

定　　位

定位有两个主流的界定。

特劳特认为定位是用简单持续的语言在顾客的心智模式中占据一个位置。

菲利普·科特勒认为定位是指相对于竞争对手,寻找并塑造产品的差异化。

如果消费者将企业信息从短期记忆转入长期记忆对企业而言无疑是非常有利的,那么短期记忆如何才能转变为长期记忆?最主要的方式是保持性的复述。神经科学研究发现:短期记忆和长期记忆都是人大脑结构的改变,具体而言,短期记忆是神经递质的释放增加,长期记忆是新突触联结的形成。

记忆有时能被消费者直接发现,这部分叫作外显记忆,当人们说"我记得……"时说的是外显记忆。有一部分记忆影响到了我们后来的行为,然而人们并没有作出回忆的努力或者意识不到回忆,这部分叫作内隐记忆。

长期记忆中有一种情景记忆对营销工作非常重要,它可能是外显也可能是内隐的。情景记忆是一个人对特定事件的独特记忆,表现为对特定时间和地点收集的过去个人经验的集合。对情景记忆,人们往往可以明确陈述或联想,例如时间、位置、关联的情感和背景等。人们的第一次约会、毕业、学会开车等往往是情景记忆,它们不仅被记忆得非常深刻,而且常常能激发想象和情感。营销者经常试图激起消费者的情景记忆,有时是因为它们的产品与情景中的事件有关,有时则是为了使情景记忆所激发的美好情感与其产品或品牌联系起来。

(3) 提取。提取是指把编码和存储的信息提取出来的过程。如果长期记忆不能被提取,提取线索可以起到帮助。我们经常在电影中看到这样的桥段,一个人失忆了,治疗人员将其带到以前生活的地点,或者让他见到以前的熟人等,这些都是为了提供提取线索。很多企业在做广告时,一开始做一个长的广告,后来做一个相对短一些的广告,

到最后只做非常短但能起到提取线索的广告,仍然能起到效果。提取线索之所以有效是因为它往往能帮助人们重建信息最初被编码时的特定方式,事实上任何能起到作用的事务都是提取线索。

2. 记忆错误

记忆是大脑的一项功能,但是有时它也会出现"运转不良",其中有3种记忆遗忘(健忘、分心和阻滞),3种记忆扭曲(错认、暗示、偏颇和纠缠),1种记忆纠缠。在心理学领域,这7种情况常被称为记忆的"七宗罪"[①]。了解记忆的这7种特征对于企业提升消费者的记忆是有帮助的。

(1) 健忘。健忘是指记忆随着时间而被忘记。总体而言,记忆不被使用,人们就会失去它。此外,最近使用的信息往往更容易被记住。在电视剧《天龙八部》中,吐蕃国护法国师鸠摩智具有过目不忘的本领,能把方丈大师给的"袈裟伏魔功"在看一遍的情况下就记住。作为个人,我们可能也希望有这样的本领,任何书籍看一遍就能记住,对领导的安排永远都不忘记,别人的电话号码能一次就永远记住,重要的日子不会遗忘……美国人吉尔·普莱斯(Jill Price)真具有这样的超凡记忆力。普莱斯在复习7年级科学课期末考试时意识到她能记住之前一年5月30日那天所有事情的几乎所有细节,这项能力随后一直存在。你认为吉尔·普莱斯幸运吗?毕竟她拥有别人羡慕的本领。然而普莱斯说"大多数人把我这样的记忆力称作天赋,但我觉得是个负担。每一天我的整个生活细节都在脑海中盘旋浮现,我都快疯了"。如果所有经历的、看过的事情都记得清清楚楚,那么就很难对物体、事物进行抽象认知,生活总会被各种琐碎的记忆所打扰,因此遗忘似乎是一种保护机制。

为了研究人们遗忘的规律,心理学家赫尔曼·艾宾浩斯(Hermann Ebbinghaus)研究了一些毫无意义的字母组合与一系列时间间隔后的遗忘率之间的关系,并将其绘制成著名的遗忘曲线。根据遗忘曲线,人们的遗忘率是:20分钟后,42%;1小时后,56%;1天后,74%;1周后,77%;1个月后,79%。然而,如果人们在记忆后及时"复习",则被遗忘的可能性大幅下降[②]。这大概就是有些广告选择集中一段时间或者固定间隔播放的原因。

(2) 分心。分心是指因为信息的浅层或者表层处理而导致的记忆不佳,常出现在

---

① 该说法来源于丹尼尔·夏科特的《记忆的七宗罪》。
② https://www.csustan.edu/sites/default/files/groups/Writing%20Program/forgetting_curve.pdf。

编码或检索过程。编码帮助记忆从短期记忆上升为长期记忆，如果此时信息处理是浅层或表层的，则容易出现记忆不佳。例如，当人们看到华为时，可以将其看作一个品牌，也可以将其加工为"中华有为"，而后者需要更多的努力，因此记忆效果更好。有时消费者看到一条信息后会给予自己的解释，这叫作生成效应。生成效应会增加记忆效果。

（3）阻滞。阻滞是指人们虽然还存在相关记忆，然而无法有效地提取相关内容。我们有这样的经验，当回忆一件事情时，话在嘴边却无法说出来，这就是阻滞。由于信息是网状存在的，因此新进入的信息会干扰后进入信息的记忆，同样后进入的信息也会干扰新进入信息的回忆。为此，提供记忆编码时的情景或者关联信息是有帮助的。有些广告会将其背景设置为消费者决策时的情景，这样的广告信息更容易被消费者记住。

（4）错认。错认也叫错误归因，指正确记住信息的能力，但是错误地记住了信息的来源。人们存在三种情况错认：来源混淆、熟悉感觉和错误记忆。在错认领域，有两个理论较为重要，它们被广泛运用于广告和宣传。

①单纯曝光效应。在电视剧《大染坊》中，元亨染厂的掌柜孙明祖在竞争对手的飞虎牌染色布出名后买了几个布样回公司分析。在观看飞虎牌布样后，孙掌柜对主要技术负责人说"它没出名之前，没人感觉到它这个颜色好啊"[1]。孙掌柜的潜台词是，现在飞虎牌出名了，仔细看看发现飞虎牌的蓝色确实很漂亮。孙掌柜说的是单纯曝光效应，即人们看到或听到的东西越多就越喜欢它。

你有没有这样的经历？一首歌刚开始听的时候觉得较普通，但在听过很多遍后可能会认为这首歌其实挺好。你讨厌报纸的广告吗？多半是的。但是如果在长途火车上没有更多选择而看很多遍广告，你是否发现其实广告做得都很用心，没有那么令人讨厌。

许多失败的产品在人们看来颇为可惜，因为如果仔细分析这些产品会发现它其实是一个好产品，然而它可能处于竞品的单纯曝光效应之下而无法被消费者认识到。于是，许多企业在开发产品时都希望是爆品，寻求迅速被消费者认可，进而被接受。

◇ **经典研究**

1992 年的一项研究证实了单纯曝光效应。

研究人员安排了四名不同的相貌相似的女性上一门大学课程。其中，第一位女士实际上根本没有参加，第二位参加了 5 次，第三位参加了 10 次，第四位女士参加了 15 次。这些女士根本不与学生互动，她们只是坐在座位上。在学期末，班上的学生们看到

---

[1] 第 4 集 10：28。

了每位女士的照片,并以身体吸引力等几个等级对其进行了评分。

尽管从未与这些女士互动,但学生们对看过的女人的评价比未看过的女人高出15倍。

资料来源:https://psycnet.apa.org/record/1992-39129-001.

②虚假真相效应。虚假真相效应的意思是反复暴露后相信虚假信息正确的趋势。

虚假真相效应之所以有效,是因为当人们评估真相时依赖于信息是否符合他们的理解,或者是否让人觉得熟悉。有时候,熟悉程度可以压倒理性,以至于反复听到某个事实是错误的可能会产生一种自相矛盾的效果。

◇ 经典研究

1977年,研究者琳·哈瑟(Lynn Hasher)等的研究证明了虚假真相效应。研究者向同一组大学生分3次展示了60条陈述,它们有些是正确的,有些是错误的。3份清单上都有40份声明是独有的。第二份清单是在第一份名单的两周后分发的,第三份名单是在第二份之后的两周分发。每次分发后,参与者被要求从1~7分的范围内对每一句话的真实性进行评分。这些陈述涉及历史、政治、体育、物理和生物等10种类别,每一种类别包含正确和错误各1个题目。

总体上,学生不太可能知道这些陈述是真是假,例如,"第一个空军基地在新墨西哥州成立"或"篮球是在1925年成为奥林匹克运动会的一个项目"。

参与者的评分从第一次到第二次和第二次到第三次都有所增加,结果见表6-2。

表6-2　　　　　　　　　　　　调查结果

	第一份清单均值	第二份清单均值	第三份清单均值
重复的	4.35	4.67	4.74
不重复的	4.25	4.22	4.16

(5)暗示、偏颇和纠缠。

①暗示是指倾向于接受他人建议并付诸行动的品质。诱导性的问题或建议往往会导致暗示性的曲解。

如果一个品牌要向老大哥学习,消费者往往以为该品牌是第二名,因为通常只有第二名或者第三名才会提出向第一名学习。消费者不能将经历的所有细节存储在记忆中,这使得消费者易于接受关于可能发生了什么或者应该发生了什么的暗示。

②偏颇，也叫偏见，是指个体目前的知识、信念和感觉对之前经历的记忆的偏差。总体而言，三种情况可能导致偏差：一致性偏差、变化偏差和自我中心偏差。一致性偏差是指对过去的记忆重新解释以吻合现在的情况；变化偏差是指夸大现在的认知和感觉与过去认知和感觉的差异；自我中心偏差是指人们按照自己更喜悦的方式回忆过去，从而对过去进行优化。

偏差与刻板印象高度相关。刻板印象是指人们基于他人归属类别的知识推断他人特征的过程。我们都清楚，人们存在众多的刻板印象。正如你所感受到的那样，这个概念从一开始就是略有贬义的。有些刻板印象得到了证实，它们是事实。研究发现，女性比男性更健谈，对非语言线索更敏感，更有教养后代的能力；比男性有更多的社会关系。男性比女性更自信，自尊心更强。

刻板印象的本质是推论，即根据已有的类别知识推论其特征。人们需要刻板印象作出判断，然而遗憾的是，这样的推论容易导致四个不好的结果，它们也是刻板印象的特征：不准确、过度使用、自我延续和自动化。

你认为德国汽车故障率低吗？无论答案是低还是不低，该结论都是不准确的。"保时捷"常年位居故障率榜单的前列，然而也有德国汽车品牌的故障率较高。事实上，即使是保时捷汽车，其不同车型的故障差异也是存在的。这个问题如果换为"你认为日本汽车故障率低吗？"，无论答案是低还是不低也是不准确的，原因与德国车类似。刻板印象不准确的原因是，分类信息只能提供极为粗犷的线索。如果用统计语言描述，分类信息提供的是类别均值的信息，然而在同一类别中，个体差异是相当大的。也正是分类的广泛存在，刻板印象也常常被过度使用。

刻板印象的自我延续使其不易改变，它表现在三个方面。第一方面，刻板印象的对象会察觉到他人对自己的刻板印象，并且会在行为上表现为吻合该刻板印象，这被称为自我实现预言。第二方面是人们会对他人的行为等的感知产生偏差，从而使得感知吻合自己的刻板印象，这叫作知觉证实。第三方面是即使当人们观察到的事实与自己之前的认知不一致，人们也会倾向于修正而非放弃自己的刻板印象，这被称为亚归类。

◇ **经典研究**

在有关"自我实现预言"的研究中，非洲裔美国人和白人学生分别参加了实验。在实验中，研究者让两组学生中的一半在试卷顶端写上自己的种族。研究发现，那些没有填写种族的非洲裔学生的考试成绩高过白人学生，而填写了种族的非洲裔学生的成绩不仅远低于未填写的非洲裔学生,也低于白人学生。

在有关知觉证实的实验中,研究者让被试通过广播收听一场大学篮球比赛,并评估其中一名运动员的表现。所有实验数据相同,但被研究者通过实验设计让部分被试认为这名运动员是白人,另一部分被试认为这名运动员是非洲裔美国人。认为这名运动员是白人的被试的评估的结果是该队员拥有出色的篮球智商,认为这名运动员是非洲裔美国人的被试的评估结果是该队员拥有卓越的运动能力。

在一项关于亚归类的研究中,被试面对一名不善社交的公关人员,这违背了公关人员擅长社交的刻板印象。起初,被试调整了对公关人员的判断,但总体上仍然维持原来的认知。但被试被告知该公关人员非常不善于社交时,被试通过将该公关人员划分为特例来维持刻板印象。

资料来源:根据丹尼尔·夏克特等《心理学》资料整理.

③纠缠是指人们会反复想起其宁愿从脑海中消除的令人不安的信息或事件,这些信息会影响人们的记忆。人们无法忘记的不需要的回忆就像侵入了人的大脑一样让人无法忘却,进而影响人们的记忆。

6.2 动　　机

人们做事情似乎有一个"推力"在促使他这样做,我们把它叫作动机。动机对消费行为影响是直接和明显的。

6.2.1 动机的含义

关于人为什么会有动机,研究者的第一猜想是因为人有本能。本能是指一个生物体趋向于某一特定行为的内在倾向,它不需要提前训练。本能是与生俱来的行为模式而不是反射,因为反射指一个器官对于特定刺激的简单反应,而本能是指先天的行为方式。例如,婴儿一出生在眼睛还未睁开时,就会张嘴吸奶。

直觉告诉我们,人是有本能的。然而,如果承认本能存在,那么人类的本能实在是太多了。如果把观察到的本能进行归纳,其数量将非常庞大。因此,到20世纪30年代,科学家认识到通过本能解释人们的动机是不合适的。

现在，动机被认为是指一个行为的心理原因或目的。一般认为目的和原因是一致、相同或高度相关的，例如消费者购买矿泉水是因为口渴，目的则是为了解渴。学生参加补习班的目的可能是提高成绩，但原因则可能是因为成绩不好导致降低自尊，提高成绩和提高自尊并不完全一致但高度相关。

小知识

动机和情绪

动机和情绪的英文分别是 motivation 和 emotion，它们有共同的词根 mot，都是动的意思。

也可能是巧合，但动机是情绪的影响，或者说情绪是动机产生的重要原因。

研究发现动机受到情绪的影响：一是因为情绪为人们提供了世界的信息；二是情绪本身就是人们努力的原因或目的。我们可能会不希望自己受情绪的影响，然而当人们不能体会到情绪时，甚至不能作出最简单的决策。

6.2.2 动机的分类

动机可以用人的需要等理论来进行划分和理解，对这些理论的深入理解对分析消费者的行为是非常重要的。大多数对动机的分类都是按照人们需要的内容来区分的。

1. 马斯洛的需要层次

（1）基本需要的内容。亚伯拉罕·马斯洛（A H Maslow）于1943年发表论文《人类动机理论》(*A Theory of Human Motivation*) 提出了人类的5种基本需要。这些需要包括：生理需要、安全需要、爱的需要、尊重的需要和自我实现的需要[①]。对这些需要内容的解释已经非常丰富，此处不再赘述。

---

① https：//psychclassics.yorku.ca/Maslow/motivation.htm。

马斯洛的基本需要有以下 3 个前提。

①每个人都会通过先天遗传和社会交往获得一系列相似的动机。

②有些需要更重要。马斯洛说,"这些生理需求是所有需求中最重要的","一个缺乏食物、安全、爱和尊重的人,最有可能对食物的需求比对其他任何东西都强烈"。

③只有当基本的需要得到最低限度的满足之后,其他需要才会出现。"如果生理上的需要得到了相对较好的满足,那么就会出现一系列新的需要",而"如果生理上和安全上的需要都得到了很好的满足,那么爱、情感和归属感的需求就会出现"。

此外,马斯洛认为基本需要是有前提条件的,他们是基本需要满足的直接先决条件。其中言论自由是马斯洛重点提及的。如果这些前提没有得到保障,那么人的基本需要可能不会表达出来。

(2) 基本需要的特征。马斯洛对基本需要有 4 个特征的描述,这些特征能帮助人们更好地理解他的理论。

①基本需求层次的固定程度。需要层次理论从字面即能了解到:需要是有层次的。然而,不同人对层次的理解和重要性不同。对生理需要没有得到的人,仍然可能会觉得自我实现最重要;而对那些从未忍受过饥饿等困难的人,不会觉得生理需要有多重要。

②基本需要的相对满足度。马斯洛的理论给人这样一个印象:下一种需要出现之前,必须百分之百地满足上一种需要。然而大多数正常人的基本需求都是部分满足的。马斯洛举例说,"如果我可以指定任意的数字作为例证,就好像普通公民在生理需求方面满足了 85%,70% 是安全需要,50% 是爱情需要,40% 是自尊需要,10% 是自我实现需要"。"当我们上升到优势等级时,满意度的百分比会下降"。在满足主要的需要之后出现的新需要不是突然的、跳跃的现象,而是从虚无中缓慢地出现。例如,如果主要需要 A 只满足了 10%,那么需要 B 可能根本不可见。然而,当需要 A 满足 25% 时,需要 B 可能出现 5%,以此类推。

③行为的多种动机,即任何行为都可能传递多种需要。在动机决定因素的范围内,任何行为都是由几个或全部的基本需求共同决定而非其中一个。

图 6-3 可以帮助理解多种行为动机。

在图 6-3 中的 A、B 和 C 任意一点,同时存在多种动机,但同时人们会将行为归类到最突出的那种动机,该需要常被称为主要需要或者优势需要。因此,在 A 点,生理动机是最主要的;在 B 点,社交和安全较为突出;在 C 点则是尊重和自我实现需要。

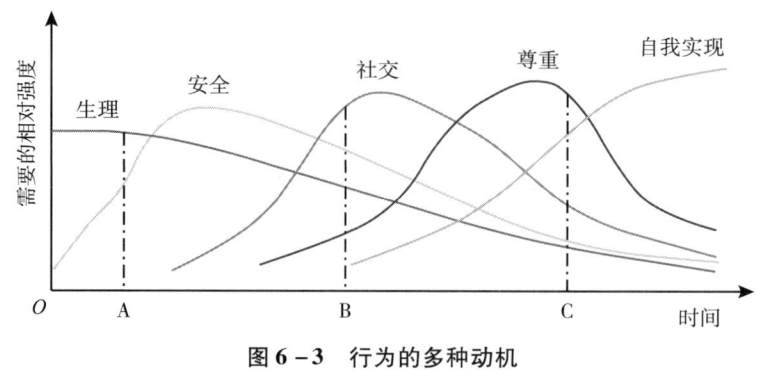

图 6-3　行为的多种动机

④文化特殊性和需求的普遍性。这包含两层含义：一是在任何特定的文化中，一个人的意识动机内容通常与另一个社会中个人的意识动机内容有极大的不同；二是即使在不同的社会，人们也比我们第一次接触他们时所想的要相似得多，而且随着对他人的了解越来越多，我们似乎发现了越来越多的共同点。

虽然面对各种各样的挑战，但需要层次毫无疑问提供了认识人需要的基本框架。

2. 成就动机理论

成就动机理论常被称为三种需要理论，由哈佛大学的大卫·麦克利兰（David McClelland）提出。麦克利兰认为无论人们的年龄、性别、种族和文化，所有人都具有三种需要，即成就需要、权力需要和归属需要。三种需要中的一种是人们的主要需要，因此成为激励因素。

成就需要为主要需要的人希望做得最好、争取成功，他们往往会制定并完成具有挑战性的目标、承担计算出来的风险以实现其目标、喜欢定期收到有关其进度和成就的反馈以及通常喜欢独自工作；权力需要为主要需要的人希望不受他人控制，但希望影响或控制他人，他们往往喜欢赢得争论，享受竞争和胜利，享有地位和认可；归属需要为主要需要的人希望建立友好亲密的人际关系，他们想要属于特定的团体，想要被喜欢并且经常会与小组其他成员一起去做，在竞争中偏向于协作，不喜欢高风险或不确定性。

3. 功能性需要、象征性需要和享乐性需要

大卫·克雷文斯（David Cravens）和奈杰尔·皮尔西（Nigel Piercy）提出了著名的功能性需要、象征性需要和享乐性需要，并得到了实业界的高度认可。

功能性需要通常是透过产品客观与有形的属性来获得满足，象征性需要则是与如何看自己，以及别人如何看自己有关，享乐性需要偏向经验性，消费者经常通过产品消费

来使其满足兴奋、惊喜与想象。例如,牙膏的功能需要是防止蛀牙,房子的功能性需要是居住,汽车的功能性需要是通勤,但它们也能满足象征性需要和享乐性需要,具体内容见表6-3。

表6-3　　　　　　　　　　　牙膏、房屋和汽车的三种需要

类型	牙膏	房屋	汽车
功能性需要	防止蛀牙	居住	通勤
象征性需要	我是一个爱清洁的人,我爱自己	我应该住好房子,和我认可的人做邻居	同事和朋友都买车了,我要和他们一样
享乐性需要	包装太精美了	房屋的设计是顶级大师、意大利的大理石开采一定不容易	顶级匠人手工打造,百年汽车经验是如何积累的

4. 基本动机

夏克特(Schacter)等谈到人类有三种基本动机:享乐动机、认可动机和正确性动机。

(1) 享乐动机的含义是快乐优于痛苦。享乐动机是人的基本动机之一,夏克特开玩笑说"如果世界上有一种动物喜欢痛苦而非快乐,那么它一定隐藏得很好,因为迄今为止,人类还没有发现它的踪迹"[①]。有人可能会偶尔体验痛苦,但没有人会长期喜欢痛苦多于快乐。事实上,人们体验痛苦也是为了获得快乐,而非单纯地为了苦而苦。

(2) 认可动机的含义是被接受优于被拒绝。认可动机很重要,因为人类是社会动物,需要交往。由于他人的存在,人们免于饥饿、被捕食和孤独,因此每个人都知道自己是生活在社会中的。人的社会性导致人们有强烈的被别人喜欢和接受的动机。在监狱中,对犯人最大的惩罚不是饥饿和体罚,而是关禁闭,隔绝其与他人的交往,孤独对任何人而言都是煎熬。

(3) 正确性动机的含义是正确信息优于错误信息。人们要做成事情,需要正确的态度和信念。态度是指积极或消极的评价,信念是对评价对象的知识和认知,而态度和信念都依赖于正确的信息。

在导入案例中,豪华车在全球汽车市场的份额在上升。调查显示,豪华汽车消费者

---

① 丹尼尔·夏克特(Daniel Schacter),丹尼尔·吉尔伯特(Daniel Gilbert),丹尼尔·韦格纳(Daniel Wegner),马修·诺克(Matthew Nock). 心理学:第三版(套装上、下册)[M]. 哈佛大学版 Kindle 版本位置 14325.

动机包括：产品价值认同、身份价值认同和品牌文化认同。[①] 如果以大卫·克雷文斯的理论分析，这三种动机分别对应功能性需要、象征性需要和享乐性需要；而以基本动机进行分析，则分别对应正确性动机、认可动机和享乐动机。因此，豪华汽车较好地满足了消费者汽车消费的各层次动机。

6.2.3 动机对营销的影响

营销人员首先需要找到影响消费者的动机组合，然后围绕相应的动机制定营销策略。营销策略包含产品、价格、渠道和促销，然而在传播领域这一特征最明显。

1. 传播多重动机

由于定位的需要，每个企业都只能宣传一种利益，该利益可以来源于任何一种需要。然而，消费者的动机是多种需要的综合，这就决定了企业的产品必须提供多种需要，且广告也必须传递多种需要。定位只能有一个，然而宣传或者传播策略却需要在重点突出和多个需要中找到平衡。

此外，有些需要是明确、显性的，有些需要是隐形的，有时企业需要采取间接的沟通工具。总之，传播策略必须与目标市场的显性及隐性购买动机相匹配，只有这样的产品或服务才能在消费者的记忆中占据一个有利的位置。

2. 解决动机冲突

消费者需要是多重的，而有时它们是相互冲突的。例如，许多消费者都听说苹果手机的iOS操作系统流畅稳定，然而苹果手机往往并不便宜。消费者常面临三种冲突。

（1）"选择—选择冲突"，消费者试图在两个选项之间进行选择，且两个选项都意味着积极的力量被激活。

面对"选择—选择冲突"，消费者最终如何选择一定程度上取决于其决策前接受到的选项信息的对比。例如，消费者认为两部电影都值得一看，然而时间只允许看一部，那么在购票时之前一段时间哪部电影信息更醒目可能决定了消费者选择哪一部。

消费者面对多种"选择—选择冲突"可以看作是两种选项的推广，其原理与两项"选择—选择冲突"类似。

[①] https://www.sohu.com/a/115352884_104520。

(2)"选择—避免冲突"。这种冲突发生在目标物同时具有积极和消极两个方面时。

消费者想喝可乐但担心长胖,想喝啤酒又害怕醉酒等。于是,健怡可乐、低度啤酒等应运而生。总之,减缓消费者避免的一面是企业可以选择的策略。

苹果手机系统稳定,但是价格较高,于是看到各个运营商,如联通、电信和移动,销售平台,如京东和淘宝等,苹果公司都在通过分期付款等方式减缓其中的避免要素。

(3)"双重回避冲突",即两种选择都是消费者所不希望看到的。例如,一个人必须决定是去看牙医还是完成不愉快的作业。

保险公司常常面临这样的冲突,消费者既不希望买保险(需要花费资金),也不希望承受不良后果,因此对消费者传播"两害相比取其轻"是有效的策略。

3. 内在动机和外在动机

有些行为本身就是报酬,换言之行为就是动机,这些常被称为内在动机。有些情况下,是为了获得奖赏,这种情况下的动机常被称为外在动机。索尼创始人盛田昭夫经常对刚入职的年轻人说,"工作就是工作的回报",而对大多数人而言工作是获得报酬所必需的。

对待消费者的内外动机,营销策略应该有区别。如果渔具生产企业对待外部动机的消费者,其宣传策略可以是这款渔具会让消费者钓更多的鱼,或者最近大家都在买这种渔具;对待内部动机的消费者,则应该宣传这种渔具让钓鱼更有乐趣,能钓到以前钓不起来的鱼。

4. 动机的意识状况

消费者对待自己的动机有三种状态:意识、前意识和潜意识。当消费者能明确表达自己的动机或者意识到自己动机的存在时,该动机处于意识阶段;如果消费者不能意识到自己有此动机,然而当消费者面对产品时表示认同,则该动机处于前意识阶段;当消费者即使面对产品也不认为自己需要时,则可能处于潜意识阶段。

从马斯洛等理论可以看到,人们的需要是差别很小的,大多数时候消费者说不需要,更可能是这种需要处于潜意识阶段。于是,发现并恰当地满足潜意识需要很可能会引起消费者的强烈共鸣,形成顾客忠诚。

5. 趋近和回避

消费者对待动机总体有两种倾向:趋近和回避。有些消费者总是追求快乐,有些消费者总是回避痛苦，而这种区别在消费决策中有较大差异。例如，在信息搜寻中，趋近型消费者更关注评论信息的质量，而回避型消费者更关注评论信息的数量。对待趋近型消费者，企业应该重点宣传其优点；对待回避型消费者，企业应该侧重于减少其痛苦。

总之，消费者的动机总是复杂和多样化的，消费者对不同需要的偏好类似数学的排列组合，且处于变化中。

6.3 态　　度

态度是指针对一个特定的对象所学习到的一种持续性的反应倾向和概括性评价，该倾向代表着个人的偏好与厌恶、对与错等个人标准。概括来说，态度代表了一个人对对象的积极或消极的持续性评价，可以简单理解为喜欢与否。态度的特定对象可以是某一品牌、某种行为，也可以是某种观念。态度包含两个含义：方向（正面、负面还是中性）和强度，这比较容易理解。

态度有三个特征：习得性、持续性和倾向性。习得性的含义是态度是后天学习得到的。对待纹身，每个人都有自己的态度，而该态度都是以后天习得的价值、传统或规范等为依据形成的。态度的持续性意味着态度一旦形成往往不容易改变。我们经常听到人们说，为什么就不能喜欢××呢？这其实已经说明了人的态度往往不容易改变。态度的倾向性意味着人们对事务的概括性评价和反应倾向。

在消费者决策部分，我们已经知道许多消费者是基于态度来购买，因此态度对营销工作极为重要。

6.3.1 态度的构成

态度是一个评价性的判断，学术界一般认为态度包含了情感（affect）、行为（behavior）和认知（cognition）三个方面的含义，这也被称为态度的ABC分解。

1. ABC 态度

情感成分是个体对对象（人物、事件或事件）的情绪和感觉。当一个人说"我怕猴子"时，害怕这种情绪就是其对猴子的情感成分。

认知成分是指人对客体的想法和信念。信念是指对事实的认定，即个人认定的事实。有人说苹果好吃，有人说橘子才好吃，这些就是信念。认知和感知有微妙关系，显然，信念来源于个人对事物的感知。

行为成分代表着个体对客体的反应，是靠近还是远离。在营销学领域，行为的反应一般表现为是购买还是不购买，推荐还是不推荐等。

人的态度是感知和情绪的综合体。那么为什么我们不只谈论感知和情绪，还需要态度呢？因为人们确实存在诸如"我喜欢××""我不喜欢××"等表达和心理反应，而喜欢和不喜欢不是一种情绪，它是情绪发展之后的产物。更重要的是，态度对行为特别是单次购买行为的影响是非常明显的。你很难购买一个不喜欢的商品，而对于自己喜欢的商品，不买往往"心有不安"。

在成长过程中很大概率曾经听到这样的一句话"请注意你的态度"，说这句话的可能是你的老师、父母或者长辈，成年后领导可能也会这样说。他想表达什么意思？他希望你喜欢（至少不要不喜欢）他所说的。假设父母说这句话后，你的情绪是高兴甚至兴奋（情感），你的认知告诉你"父母在帮助我，让我成长"（认知），结果是你喜欢这次谈话，你越来越靠近他们期待你做的事情（行为），与他们的关系越来越亲；反之，如果你对父母某句话的态度是不喜欢，那么行为自然会偏离这句话。

2. 认知失调

当我们喜欢一句话，我们才可能遵循它；当我们不喜欢一句话，我们不会遵循它。这里隐含的逻辑是，态度的情感、认知和态度是高度正相关的。

 小知识

正 相 关

正相关是指自变量增长，因变量也跟着增长，即两个变量变动方向相同。

正相关时，一个变量由大到小或由小到大变化时，另一个变量亦由大到小或由小到大变化。

态度包含认知、情感和行为三个部分，常被称为"整体态度"。那么，这三者是否会矛盾？例如，我不喜爱百威啤酒，但最后购买了它；或者我喜爱百威啤酒，但最后却

买了哈尔滨啤酒。这两种情况都叫作认知失调。认知失调是指人们同一时间有着两种相矛盾的想法，因而产生了一种不甚舒适的紧张状态。

◇ **经典实验**

研究者在 1959 年做了一个有名的实验。学生们被要求进行烦琐且无意义的工作。例如，在一个实验中，71 名男学生作为参与者执行一系列沉闷的任务，在固定板上旋转固定桩一个小时。随后，学生被告知某位必要的研究助理无法进行该实验，而这位参加者被要求去代研究助理说服另一位接受实验者。他们有些人得到 20 元的报酬，有些人得到 1 元，而对照组不被要求。最后，这些代替研究助理的学生中，①只得了 1 元的被试往往会改变自己对这件无聊事情的判断，虽然他自己觉得很无聊；②得到 1 元的被试比得到 20 元的被试对"游戏"的评价更正面。该实验与其说是游戏，不如说是一种小小的折磨，但是显然，得到 1 元的被试改变了自己的态度。

资料来源：https://psycnet.apa.org/record/1960-01158-001.

认知失调得出的结论是：人们倾向于对整体概念保持一致性。于是，当整体概念不一致时，即认知失调时，人们一般会有三种策略：改变态度中的冲突部分、增加新的信念或降低认知的重要性。如果一位消费者既想抽烟，又害怕吸烟导致肺癌，那么他可能戒掉吸烟（改变态度中的冲突部分，在这里是改变行为）；或者认为"尚未完全证实吸烟会导致肺癌的研究"（增加新的信念）；或者认为人生短暂，无须过分计较（降低吸烟导致肺癌认知的重要性）。值得一提的是，对于通过改变一种或多种情感、行为、信念从而使冲突消失的方法往往并不成功，例如，很少有人因为认识到吸烟的危害就减少吸烟。

认知失调有一个遗憾的假设：人们的态度往往是矛盾的，但人们不希望、不喜欢这样的矛盾。我们对苹果手机既喜欢也不喜欢，喜欢它系统的流畅、干净，色彩的舒适，但不喜欢它的封闭、待机时间短、价格昂贵。因此消费者常常需要消除这样的认知失调。企业的重要营销使命之一是提供消除认知失调的线索和证据，这对消费者决策非常重要。

6.3.2 态度的形成路径

态度是偏向性的整体评价。虽然态度包含了认知、情感和行为，然而这三者往往并不是一起发生的。依据三者的先后顺序，态度有三种形成的路径，具体如图 6-4 所示。

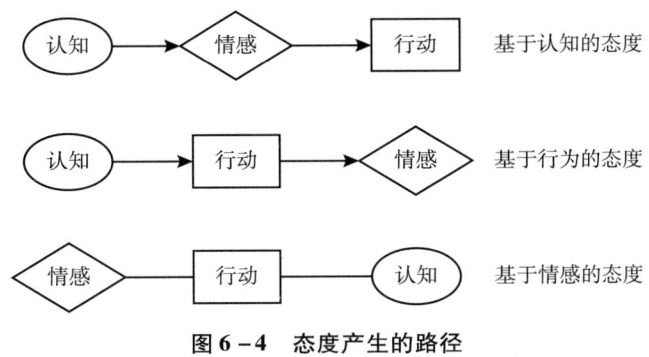

图 6-4 态度产生的路径

6.3.3 改变态度

态度是持久性的评价倾向，这意味着态度不容易改变。如果可能，尽量不要尝试做这件事情。让消费者第一次就建立好的态度要比后期改变消费者容易得多。

如果需要改变态度，依据态度的产生路径，通常有以下三种策略。

1. 改变情感

许多企业致力于在不改变消费者认知和行为的前提下提高消费者对产品或品牌的好感，这样的策略如果成功，消费者：喜爱本身就是购买的充分理由；喜爱也会导致消费者在对待企业产品时有更多正面的认知。

企业一般采用三种策略改变消费者的情感成分：条件反射、让人喜爱的广告和更熟悉的品牌。在经典的条件反射中已经谈到了如何通过名人代言、愉悦的音乐等方式让消费者建立对品牌或产品的条件反射。此外，消费者喜爱一个公司的广告也会增加其对产品或品牌的喜爱倾向。同样的道理，名人代言也会起到类似的效果。当消费者对企业品牌越熟悉时，其越容易喜爱公司的品牌。也许，改变情感被许多企业优先选择是因为该种策略最容易做到。

2. 改变行为

◇ 经典研究

1971 年由美国心理学家菲利普·津巴多在斯坦福大学心理学系大楼地下室的模拟监狱内，进行的一项关于人类对囚禁的反应以及囚禁对监狱中权威和被监管者行为影响的心理学研究。

研究小组在当地报纸上征集志愿者参与监狱生活的研究，为期两周，志愿者每天能得到 15 美元的报酬。经过挑选 24 名绝大部分都来自白人中产阶级，成为被试，他们被认为是非常健康、正常的人。从 24 人中间随机选择 12 人充当监狱的看守，余下的则为囚犯。起初实验一切正常，大家还相安无事。第二天"囚犯"便发起了一场暴动，撕掉囚服上的编号、拒绝服从命令并取笑看守。狱警则采取强迫囚犯做俯卧撑、脱光他们的衣服，拿走他们的饭菜、枕头、毯子和床，让他们空着手清洗马桶等策略应对。随后，局面开始失控。实验进行到第六天，研究者不得不停止了实验。

资料来源：详细信息参考实验官网 https://www.prisonexp.org/，15 美元按照购买力平价计算相当于 2019 年的 95 美元，相当丰厚。

斯坦福监狱实验告诉人们：人们的行为改变了人们对事物的态度。

许多企业在推广商品时会采用试用的方式，试用是行为，行为容易改变人们的态度。行为之所以有效首先是因为行为带来更多的熟悉，而熟悉改变了人们的爱好；其次是行为可以更深入地思考从而改变认知。然而，试用也是成本最高的方式。

3. 改变认知

改变认知是企业希望采用的方法，但可能是最难的策略。有以下三种策略可以尝试。

（1）改变人们的信念。信念是关于事实的认定，改变信念意味着让消费者对品牌建立企业希望的事实认知。例如，贵州茅台一直致力于让国酒和茅台建立联系，山西汾酒可能也有此想法。

（2）增加新的产品属性。当手机在比较操作系统、电池和外观时，音乐是一个新的属性，而这是 vivo 和 OPPO 一直宣传的。

（3）改变属性的权重。汽车在发达国家从来都不是一个高科技行业，而是资金密集型为主的行业。然而当企业将科技作为宣传要素时，这增加了科技感的重要性。

6.4 个　　性

个性是个体在面临相似情况时作出的有特定反应的倾向。有着相同需求的不同消费者可能因为个性不同而采取不同的购买策略。因此，个性是调节因素而非因果因素。

人们常将个性看作是特质的组合。特质是行为、思想和情感的习惯模式，因此特质是个性的具体组成部分,而个性则是更概括性和通俗性的说法。特质对人的影响表现为特质是一种行为倾向。人们把那些能区分人与人之间差别的特质称为核心特质。

6.4.1 核心特质

在有关核心特质的研究中,大五人格特质(the big five personality traits)得到了最多的认同。大五人格特质也称五因素模型(OCEAN),即开放性(openness)、责任性(conscientiousness)、外向性(extroversion)、随和性(agreeableness)、神经质(neuroticism)。大五模型的每一个维度都是一个连续体,个体可以落在每个特征连续体的任何地方,见表6-4。

表6-4　　　　　　　　　　　　大五人格特质

维度	定义	高低的表现		遗传比例/(%)
开放性	愿意尝试新事物,愿意从事富有想象力和智力活动的倾向	高	好奇的、富有想象力、创造性、乐于尝试新事物、非常规	61
		低	可预测、没有想象力、不喜欢改变、喜欢常规、传统	
责任性	调节冲动控制以从事目标导向行为的能力	高	能力、纪律严明、孝顺、成就奋斗、自律、审慎的	44
		低	能力低、杂乱无章、粗心、拖延、违纪、冲动	
外向性	寻求与周围环境,特别是社会交往的倾向和强度,包含在社交场合的舒适度和自信程度	高	善于交际、通过社会互动激发活力、寻求刺激、喜欢成为人们关注的焦点	53
		低	喜欢独处、因为太多的社交活动而疲惫不堪、反思的、不喜欢成为关注的焦点、保留	
随和性	注重人的导向和与他人的互动	高	宽容、直率、乐于助人、顺从、谦虚、同情、移情	41
		低	怀疑的、要求高、侮辱和轻视他人、固执、炫耀、无同理心、不在乎他人感受	

续表

维度	定义	高低的表现		遗传比例/(%)
神经质	人将事件解释为威胁或困难的可能性，表现为整体情绪的稳定性	高	焦虑、易怒、经历了很多压力、害羞、脆弱性、经历情绪的剧烈变化	41
		低	不是担心很多事情、冷静、情绪稳定、自信、有弹性、很少感到悲伤或沮丧	

资料来源：https://www.simplypsychology.org/big-five-personality.

值得注意的是，大五人格特质中的每一个维度都代表了极其广泛的范畴。例如，外向性的特质是一个包含自信、活跃、寻求刺激、积极情绪和热情等内容的类别。此外，大五维度的遗传率在不同研究中得出的结论并不相同，但一个总体规律是每个维度的遗传率都在38%~61%。

随着年龄的增长，人们的随和性、尽责性和自信心一般会增加，外向性没有显著的趋势，开放性和神经质则略有下降。总之，五大因素在人的一生中大部分时间都保持相对稳定。

我们经常听说男女差异，例如，男性一般更自我依赖、维护自己的信念、独立、自信和坚强，与之对照的女性是柔顺、有情义、依赖、有同情心和对他人需求敏感的。那么，是否存在男女的特质？研究发现，虽然男女之间在大五维度上有些差别，但是同性之间的差异更大。总体而言，男性更有身体攻击性，女性比男性更多社会关系攻击性（如孤立他人），男性更自信，自尊心更强，寻求倾向更强，这些不是"刻板印象"，而是研究证实的结论。

大五模型并不是为了营销工作而发展出来的，也不是为了预测人们的行为而发展出来的。大五模型的发展是为了组织人格特征，而不是作为一个全面的人格理论。大五模型是为了描述而非预测。

6.4.2 个性和营销

人有个性，品牌也可以有个性，或者说被塑造个性。品牌个性是品牌的独特形象。与大五模型类似，著名的研究者艾克（Asker）也通过统计美国市场上的品牌所表现出来的品牌个性，采用降维分析将其分为五个维度，见表6-5。

表 6-5　艾克的品牌个性大五模型

维度	内容
真诚（sincerity）	实际
	诚实
	健康
	愉快
刺激（excitement）	大胆
	精神饱满
	有想象力
	现代
胜任（competence）	可以信赖
	聪明
	成功
有教养（sophistication）	上流社会
	有魅力
强壮（ruggedness）	户外的
	坚固的

资料来源：马瑟斯博等. 消费者行为学［M］. 陈荣，许销冰，译. 北京：机械工业出版社，2018：249.

同样的，艾克的品牌个性是为了描述而非预测。

品牌个性对消费者的重要意义在于：消费者会购买符合自己个性的品牌。目前，商业中没有个性的品牌会被认为有些"无聊"，于是许多企业非常致力于打造吸引消费者的品牌个性。苹果公司的个性是艺术的、复杂的、有创造力的。耐克则拥有积极的生活方式，鼓舞人心，令人兴奋并且酷酷的。特斯拉的品牌个性是令人兴奋，富有远见，超凡魅力，勇敢和富有精神。亚马逊的个性是真诚与能力。劳力士的个性是能力和成熟度，而蒂芙尼（Tiffany）则具有精致、优雅、上流社会、成功和迷人的品牌个性。

6.5　自我和生活方式

自我（self-concept）就是自我形象，即自己如何思考，评价或感知自己。具体而言，自我包括：自己喜欢自己与否，自己觉得自己是否重要，人生是否有价值，自己是否满意自己现在的状况等。

6.5.1 自我的分类

1. 卡尔·罗杰斯的分类

卡尔·罗杰斯（Carl Rogers）将自我分为三类：自我形象、自尊或自我价值和理想自我。后期许多研究者在此基础上对其进行了修订和扩展。

（1）自我形象。自我形象是自己对自己的看法。1960年库恩（Kuhn）提出了著名的《二十条陈述测试》（*The Twenty Statements Test*）[1] 用于研究自己对自己的看法。在回答的基础上，库恩发现人们主要通过两个维度来进行概括：①社会角色，例如儿子、教师、朋友；②人格特质，主要包括自身的内部或情感方面，例如社交、不耐烦或幽默等。一般情况下，还包含：①身体状况，例如身高、体形和性别等；②存在的抽象表达，例如，我是人类。自我形象仅仅反映自己对自己的看法，并非事实。一个在外人看起来并不胖的人仍然可能认为自己还比较胖。

（2）自尊或自我价值。自尊或自我价值是自己对自己的重视程度，或者说自己对自己正面的（高自尊）或负面的（低自尊）看法。高自尊常常表现为对自己能力充满信心、自我认同、不太在意别人的看法和乐观，而低自尊常表现为信心不足、想要/看起来像别人、过分在意别人会怎么想和悲观主义。

自尊主要来源于四个方面。一是他人的反应，特别是父母、亲人、挚爱、朋友的反应。二是与他人的比较。事实上，针对儿童的研究发现，一个人总是与他人的比较，特别是与我们很在意的参考群体进行比较往往会让我们表现出正面或负面的形象。三是社会角色。人们往往会认为有些职业的从业人员更有社会声望，例如医生、飞行员、电视节目主持人或者公务员等，而有些职业往往具有低社会声望，例如垃圾收集者、保安和工厂的一线人员等。四是个人角色。角色不只是"在别人那里"，也成为我们个性的一部分，即认同我们所担任的职位，所扮演的角色以及所属的群体。需要指出的是，就自尊而言，父母的影响力是非常重要的[2]。

---

[1] http://www.mountainmeadowmt.com/files/Manford_Kuhn.pdf。
[2] https://www.simplypsychology.org/self-concept.html。

(3)理想自我。理想自我是自己希望自己真的像什么。理想的自我和实际的自我往往并不一定一致,这样的不一致性可能会影响人们对自己的重视程度。

2. 实际自己和理想自我

在罗杰斯的分类基础上,霍金斯等认为自我还包含自己察觉到的别人对自己的评价等。依据自己对自己的看法以及理想状态和现实状态的差别,自我可以分为四类,如图6-5所示。

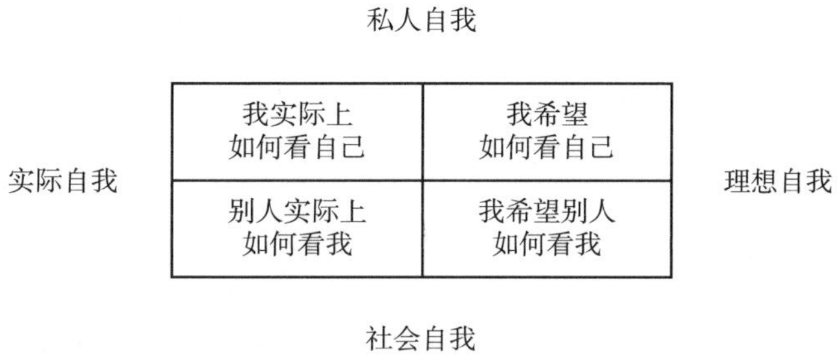

私人自我

我实际上如何看自己	我希望如何看自己
别人实际上如何看我	我希望别人如何看我

实际自我 ← → 理想自我

社会自我

图6-5 自我的分类

3. 自我、本我和超我

在很早以前,弗洛伊德为了解释情绪问题,提出人格是由自我、本我和超我三个相互独立、相互制约和相互冲突的部分构成,具体内容见表6-6。

表6-6　　　　　　　　　　弗洛伊德的自我、本我和超我

构成部分	含义	内容	决策原则
本我	出生时就有的驱力	生理需要、希望、欲望和冲动,尤其是性和攻击性	即时满足的快乐原则
自我	人格的组成部分	人与外部世界的互动而来,本我和超我的调节人	现实原则,即综合延迟即时需要和有效行事
超我	文化规则的内化心理	从父母等权威处学习到的规则	依据准则和规范

4. 系统1和系统2

基思·斯坦诺维奇(Keith Stanovich)和理查德·韦斯特(Richard West)针对人的认知规律提出人的大脑就像有两套系统:系统1和系统2。系统1(system 1)的特点是：①无意识且快速，联想和预测；②与生俱来，冲动；③简单化处理，无视逻辑学与统计学。系统2（system2）的特点是：①懒惰，缓慢；②专注，耗能，负责自我控制；③复杂，符合逻辑，准确，低效。

人们似乎希望有一个快意人生的系统1和一个现实的按部就班的系统2。系统1往往偏感性，系统2偏理性，问题就在于系统1只能被托管而不能被关闭。

系统1和系统2的关系是微妙的。系统1和2都对注意力有控制，系统1是快速的，无意识的，系统2是被激发的，有意识的。系统2的信息来源主要是系统1，但由于其懒惰的本性，大多数时候相信系统1是对的。只有当系统1处理不了，或者自身判定系统1是错的时候，系统2才开始发挥作用。系统2工作起来耗时长且低效，所以在生活中如果总是系统2在起作用会让人们觉得生活索然无味。最好的解决办法是：妥协，即只有在重大问题和高风险的时候系统2才工作，所以系统2会偏向于最重要的活动。

5. 独立自我和互依自我

在分析感知的选择性部分，介绍了鱼缸实验和棒框实验。棒框实验有以下结论："东方人画得比较短，相对而言受框的影响很大；而西方人通常画得和左边的线一样长，不受框的影响"，这其实是因为在实验中西方人表现为独立自我，而东方人表现为互依自我。

独立自我注重自身独特性，追求个人的独立自主，与之相联系的自我表征多涉及个人特质、能力和偏好；互依自我注重自己与他人的联系，渴望获得良好人际关系，其自我表征多以人际交往为背景。互依自我包括个人与他人、个人与集体两个方面。独立自我者描述事物倾向于本质和抽象，而互依自我者描述事物倾向于情境和具体。独立自我和互依自我的特征见表6-7。

表6-7　　　　　　　　　独立自我和互依自我的特征

特征	独立自我	互依自我
强调	人的独立性和分离性	个人与他人的互动关系
追求	个性化和自我实现	适得其所，遵守团队标准和规范，完成社会人物
评价、描述事物的	内在属性而非情景	角色和关系
措辞表达的倾向	抽象用语	具体表达
思考方式	抽象性、概括化、整体性	具体性、片断性、背景性
行为参考	自己内在想法和感觉	参照他人

续表

特征	独立自我	互依自我
侧重	提升导向	防御
购买	自己的独特需求和能力	社会角色和共性需要
适合的广告方式	感性描述	理性诉求

对独立自我和互依自我有两个需要注意的地方。一是，虽然每个人都倾向于独立自我和互依自我中的一种，然而每个人自我建构时都同时存在独立自我和互依自我两个维度。二是，总体上西方文化背景下的个体更倾向于独立自我，东方文化背景下的个体更倾向于互依自我，但是上述两种不同的自我概念形态并非是完全独立的，而是可以并存于同一文化。

6.5.2 自我和营销

古希腊神庙门楣上有这样一句箴言"认识你自己"，这句话一直在提醒人们自我对每个人的重要意义。认识到自我对个体的重要性对营销而言意义重大，具体表现在以下四个方面。

（1）自我是需要的来源，而需要是动机的源头，因此可以认为自我是动机的源头。人们购买商品或服务在许多时候是因为试图获得我们理想的自我概念或保持实际的自我概念，虽然人们并不一定会意识到这一点。图6-6展示了动机和自我的关系。

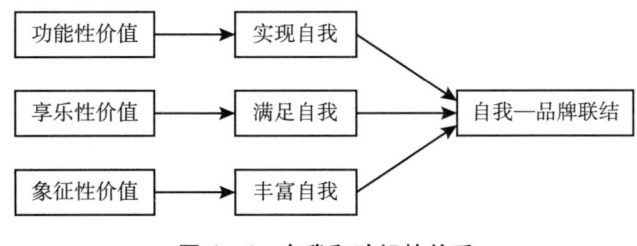

图 6-6 自我和动机的关系

资料来源：王财玉. 消费者自我——品牌联结的内涵、形成机制及影响效应 [J]. 心理科学进展，2013，21（5）：922-933.

（2）扩展自我和符号互动。有意或无意地，我们都将自己的财产视为自己的一部分，这叫作扩展自我。财产不再只是财产，而是我们自己的组成，即我们倾向于部分根据自己的拥有物来界定自我。如果把它进行推广，可以认为：人们所拥有的东西说明了他是谁，而如果丢失这些东西，他就是另外一个人。事实上，扩展自我的主要类别可以是我们的身体、内部过程、思想和经验，也可以是人们感到依附的那些人、地方和事物。在这些类别中，最后三个似乎是扩展最明确的[①]。例如，老房子、一部自行车、影集或宠物等。因此，要深刻理解消费者特别是某个消费者群体，理解他们的扩展自我非常重要。

符号互动也是用于解释自我的一个社会理论。该理论认为个人通过交流过程来建构意义，人类必须被理解为一个社会人，不断地寻求社会互动才能使我们做要做的事情。人类行为不仅是个体之间的相互作用，而且是个体内部的相互作用，因此人应该被理解为一种思想存在。一个环境可能确实存在，但是重要的是我们对它的定义，即意义源于持续的社会互动和思考。

（3）自我可以成为产品定位的来源。每一个人都有自我，且每个人的自我对其而言都非常重要。在长期的商业历程中，许多商品被赋予了拥有者或使用者的社会意义，于是产品使用作为一种象征或符号包含和传递着有价值的事情，这反过来会对一个人的自我概念产生影响。

（4）营销传播策略。由于独立自我者描述事物倾向于本质和抽象，而互依自我者描述事物倾向于情境和具体，因此对待独立自我者感性传播策略更有效；而对待互依自我者，理性传播材料更有效。

自我就像一把打开消费者购买心理的钥匙。概括而言，自我和营销的关系是：消费者在购买那些有助于巩固实际自我或者实现理想自我的产品。

6.5.3 生活方式

自我和生活方式息息相关。生活方式主要指某种消费模式的选择，包括消费观念、如何使用时间和金钱等。生活方式本质是人们自我概念的表现形式。

1. 生活方式的测量

（1）价值观和生活方式系统（values and lifestyles system，VALS）。在所有的测量生活方式中，VALS 得到最广泛的运用。VALS 运用个体掌握的资源和评价的标准将人们

---

① https://academic.oup.com/jcr/article/40/3/477/2379767。

的生活方式分为了 8 个类别，如图 6-7 所示。例如，思考者是资源多且用理想动机作为决策标准的。

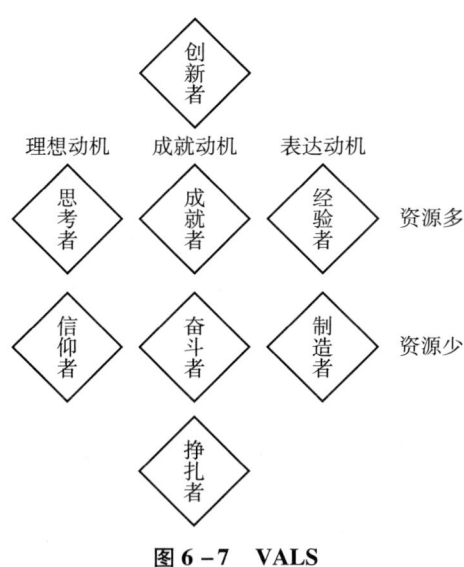

图 6-7　VALS

2014 年，VALS 的创始者战略商业远见公司（Strategic Business Insights）对中国的生活方式进行了分析①，依据掌握资源和评价标准可以分为以下 9 个类型，见表 6-8。

表 6-8　　　　　　　　　　　　VALS 分析结果

生活方式	特征
成就者（accomplished）	寻求战略优势，以改善他们在社会中的地位，他们不想引起别人的注意
标兵（pacesetters）	希望得到同行的认可，并被视为具有角色或社会地位；他们甚至可能想成名
保守者（preservers）	可以平衡雄心壮志，追求金钱以及对社会权力的渴望
维护者（sustainers）	忠于传统的生活方式，即使在日常生活中，他们可能看起来像其他不传统的群体
传统成就者（traditional achievers）	希望跟上向上移动的中国人，但对如何以及是否这样做感到不安
时尚成就者（trendy achievers）	最渴望被视为成功并值得钦佩
体验者（experiencers）	寻求个人进步，寻找创新方法，在事业或兴趣领域取得进步
配合者（adapters）	类似于体验，但没有明确的个人进步或探索动力
本地者（provincials）	大多数居住在农村，他们认为生孩子和承担经济责任是成功的重要方面

---

① http：//www.strategicbusinessinsights.com/vals/international/china.shtml。

（2）潜在市场等级指数（potential rating index by zip market，PRIZM）。PRIZM 是地理—人口统计分析的一种，其基本思路是：有相同文化背景、谋生手段和观点的人们，自然而然地会相互吸引，而人们一旦安定下来，自然会模仿邻居的生活方式。因此，居住在一起的人们会采用相似的社会价值观，形成类似的品味与期望，在产品、服务的购买以及媒体使用等方面的行为模式类似，即拥有类似的生活方式。

PRIZM 通过对 66 个细分市场组合成更大的社会集群进行分析最终形成了最大的四个集群：都市、郊区、卫星城和乡镇。其中，都市是人口密集度高的大城市，郊区是人口密集度相对较大的大城市周边地区，卫星城是规模更小、人口密集度更低的二线城市或者为大城市服务的城市，乡镇则是人口密度小的小城镇和农村地区。

2. 生活方式的运用

生活方式首先是消费者自我的直接体现。消费者无法直接对自我这样抽象的概念进行分析，然而生活方式是易于理解的概念。

生活方式天生就是为市场细分准备的，这样的细分可以分为两个方面。一方面是宏观的市场细分，例如将消费者分为成就者、标兵和保守者等细小的群体。另一方面是微观的市场细分，即企业可以用生活方式反映消费者对具体类别的产品或者活动的态度和行为。例如，保时捷美国顾客调查显示，美国购买保时捷的顾客中包含上层人士（27%），他们追求驾驶感、控制力和被关注；社会精英（24%），他们追求车就是车；高傲的主顾（23%），他们认为车是对自己辛苦工作的奖励；锦衣玉食者（17%），他们追求刺激；幻想家（9%），他们追求逃避、被关注带来的犯罪感。

📖 本章小结

学习通常被认为是学习处理的结果，具体表现为记忆或行为在内容或行动上相对持久的变化。经典的条件反射理论通过建立无条件反射、条件反应、条件反射期和条件反射后四步研究学习；操作条件反射则通过强化、惩罚、正性和负性的方式研究"主动在环境下寻求并采取行为"的学习。

记忆是指随着时间推移存储和提取信息的能力，主要是学习的结果。记忆需要通过编码、存储和提取的过程。可以将记忆分为短期记忆和长期记忆，其中短期记忆中的类别记忆的极限是 7 个。

动机是行为的原因或者目的。人们一般按照需求的种类来区分动机，例如马斯洛需求层次理论、麦克利兰的需求理论以及克雷文斯的需求理论。总体而言，人们的动机是多元的。

态度是情感、行为和认知的综合体,常常表现为是否喜欢。态度对购买具有较好的预测能力,因此企业可以从情感、行为和认知角度改变态度。

个性是个体在面临相似情况时作出的有特定反应的倾向。人们一般用大五人格来刻画人的核心特质,而用艾克的个性大五模型来刻画品牌个性。人们往往购买那些品牌个性与自己个性匹配的品牌。

自我是自己对自己的看法,它极为重要,因为消费者在相当多的情况下是购买的自我。自我有不同的划分方法,在营销中人们常常采用实际和理想、私人和社会两个维度将其划分为四个类别。

生活方式是自我的另一种表达和体现,它常常用于营销实践。VALS 是广受接受的测量生活方式的工具。

☞ 关 键 术 语

学习	learning
条件反射	classical conditioning
操作性条件反射	operant conditioning
记忆	memory
动机	motivation
基本需要	basic needs
态度	attribute
个性	personality
自我	self-concept
生活方式	lifestyle

✎ 习 题

一、单选题

1. 经典的条件反射理论特别适合（　　　）。

   A. 低介入购买　　　　　　　　　　B. 高介入购买
   C. 扩展决策　　　　　　　　　　　D. 有限决策

2. 在斯金纳的术语里,操作的意思是（　　　）。

   A. 控制条件　　　　　　　　　　　B. 生物体所产生的对环境有影响的行为
   C. 无条件刺激　　　　　　　　　　D. 条件反射

3. 斯金纳实验的强化是指（   ）。

A. 增加行为反应发生概率的刺激或事件

B. 能减少惩罚发生概率的刺激或事件

C. 刺激出现

D. 拿掉刺激

4. 以下关于学习正确的表述是（   ）。

A. 条件刺激需要熟悉的刺激物　　　B. 非条件刺激往往和条件刺激一起出现

C. 强化的间隔时间一般较长　　　　D. 强化比惩罚的效果要好

5. 根据一系列项目间的关系将信息进行归类的过程叫作（   ）。

A. 语义编码　　　　　　　　　　　B. 视觉表象编码

C. 组块编码　　　　　　　　　　　D. 系统编码

6. 米勒的数字7是指（   ）。

A. 长期记忆的规律　　　　　　　　B. 短期记忆的规律

C. 编码的能力　　　　　　　　　　D. 存储的能力

7. 有些行为本身就是报酬，这是指（   ）。

A. 正确性动机　　　　　　　　　　B. 外在动机

C. 内在动机　　　　　　　　　　　D. 享乐动机

8. 一个人对对象的积极或消极的持续性评价是指（   ）。

A. 情绪　　　　B. 动机　　　　C. 记忆　　　　D. 态度

9. 霍金斯的划分中，我实际如何看待自己是指（   ）。

A. 实际自我　　　B. 私人自我　　　C. 社会自我　　　D. 理想自我

二、多选题

1. 记忆的过程包括（   ）。

A. 感官刺激　　　B. 展露　　　C. 编码

D. 存储　　　　　E. 提取

2. 记忆遗忘包括（   ）。

A. 健忘　　　　　B. 分心　　　C. 阻滞

D. 错认　　　　　E. 暗示

3. 大卫·麦克利兰的动机分类包括（   ）。

A. 功能性需要　　B. 象征性需要　　C. 成就需要

D. 权力需要　　　E. 归属需要

4. 大卫·克雷文斯和奈杰尔·皮尔西的动机分类包括（   ）。

A. 功能性需要　　　B. 象征性需要　　　C. 享乐性需要

D. 权力需要　　　　E. 归属需要

5. 夏克特的基本动机包括（   ）。

A. 功能性需要　　　B. 象征性需要　　　C. 享乐动机

D. 认可动机　　　　E. 正确性动机

6. 动机按照意识情况不同可以分为（   ）。

A. 意识　　　　　　B. 前意识　　　　　C. 潜意识

D. 趋近　　　　　　E. 回避

7. 态度的特征阐述正确的是（   ）。

A. 态度是习得的　　　　　　　　　　　B. 态度一般不容易改变

C. 态度有倾向性　　　　　　　　　　　D. 态度是偏好和厌恶的表达

E. 态度代表喜欢与否

8. 弗洛伊德的自我划分包括（   ）。

A. 自我　　　　　　B. 实际自我　　　　C. 理想自我

D. 本我　　　　　　E. 超我

9. 系统1的特点是（   ）。

A. 专注，耗能，负责自我控制

B. 复杂，符合逻辑，准确，低效

C. 无意识且快速，联想和预测

D. 与生俱来，冲动

E. 简单化处理，无视逻辑学与统计学

三、思考题

1. 为什么大量出现刻板印象？

2. 为什么对消费行为而言，个性是调节变量而不是自变量？

3. 改变态度的常用策略有哪三种？

4. 系统1和系统2在处理信息时的关系是怎么样的？

第 7 章　群体决策和消费

【教学目标与要求】

（1）了解群体的含义。
（2）理解弗里茨·海德的归因理论。
（3）理解从众的原因。
（4）掌握凯利协变理论的三因素。
（5）掌握精细加工可能模型的路径。
（6）掌握系统性和启发性说服理论的使用前提。

【导入案例】

脑白金是无锡健特药业有限公司生产的保健品。自 1997 年上市以来，已在中国畅销二十多年。2000 年，脑白金创造了 13 亿元的销售奇迹，成为保健品市场的第一品牌，并在全国拥有 200 多个销售点的庞大销售网络。2003 年 9 月，脑白金月销售额突破 1 亿元。到了 2014 年，脑白金连续 16 年荣获保健品单品销量第 1。

脑白金的快速发展以及其长期占领中国保健品市场销量第一的位置都颇为让人费解。

首先，脑白金的主要功效是帮助睡眠和改善消化功能，而帮助睡眠主要是因为其含有褪黑素，改善消化主要是因为其含有双歧因子。无论是褪黑素还是双歧因子都是保健品市场的常见成分。

其次，脑白金主要的营销策略是广告，且往往是春节前后的密集型广告，大多数消费者对脑白金的印象主要来源于其广告。除此之外，脑白金并没有采用其他保健品常用的人员推销、产品试用的推销策略。

一个普遍的观点是，脑白金的广告在脑白金的销量中起到了较大的促进作用。然而脑白金的广告较为简单，通常是一对卡通形式的老年夫妇反复说着脑白金的广告词"今年过节不收礼，收礼只收脑白金"。这句广告词也是中国知名度最高的广告词之一。许多广告人对该广告语的评价是：没有创意，恶俗，画面缺乏美感。这可能是事实，但是这样简单的广告词却促使脑白金的销售取得了巨大的成功。

一个自然的问题是：脑白金简单的广告为什么能起到较好的说服效果？

资料来源：根据 https：//baijiahao. baidu. com/s? id = 1657116160062995917&wfr = spider&for = pc 相关资料整理.

互联网的本质是信息。现在的信息从自身特点而言是开放、去中心化、体量大等特点，而从其产生来看具有迅速产生、方便生成等提点。这些特点在每个阶段并不是同等重要的，例如当信息的开放性表现突出时，互联网的开放性也就最显著。

信息的开放、去中心化和体量大等特点对社会的影响是巨大的，对消费者行为影响是全方位的。这其中，最大的影响是信息使得人们更容易成为群体而非个体消费者。本章主要探讨群体消费者的特点。

7.1 群　　体

群体（group）是指有着共同之处的人的集合，这里的共同之处主要是指共同的目的。此外，这种共同之处还可以表现为共同的规范、价值观或信念。例如，一群在等车的人可能是一个群体也可能不是一个群体。如果他们等同一趟车，并且目的地一致时，他们是群体；当他们只是凑巧在一个公交站，则不是一个群体。

7.1.1 群体的意义

人们离不开群体。在监狱，狱警对犯人最大的惩戒往往是关禁闭而非体罚。关禁闭会让人离开群体，这远比体罚更有震慑性。人们之所以离不开群体一个重要原因在于：群体界定了自我。当我们向别人介绍自己时，往往会说"我是××单位的""我是××的儿子/女儿""我是××学校毕业的"或者"我是××的丈夫/妻子"等。通过与其他人之间的关系来界定了"我是谁"，而这个问题对每个人而言都极为重要。

6.2 节已经讲述了人类有三种基本动机：享乐动机、认可动机和正确性动机，然而这三种动机在社会影响面前不堪一击。社会影响对基本动机的作用见表 7–1。

表 7-1　　　　　　　　　　社会影响对基本动机的作用

基本动机	社会影响
享乐动机	按照人们说的来做会得到更多的快乐
认可动机	人们有着被他人接受和喜欢的强烈动机
正确性动机	他人的行为是人们判断信息对错的重要来源

事实上，人与人之间的距离比人们想象的要近。斯坦利·米尔格拉姆（Stanley Milgram）提出的六度分隔理论（six degrees of separation）认为，世界上任何互不相识的两个人，只需要 6 个人就能够建立起联系。2016 年，脸书公司通过对其数据库中的 15.9 亿人进行分析发现：世界上每个人平均通过 3.57 个人就可以与其他人联系在一起①。

总之，人是社会性的，人们离不开群体，还渴望加入各种群体。

7.1.2　群体的心理特征

人是社会性的，渴望加入群体。有趣的是，处于群体中的个人与处于个体中的个人的行为有较大的区别。

学术界对群体思维进行了较多的研究，得出了 5 个与群体思维倾向有关的结论。一是群体往往认为自己所在的群体是无敌的，不会出错，因此是不可战胜的。二是群体对其他群体往往有刻板观点，以过分简单而刻板的方式看待其他群体，尤其是敌对的群体。三是群体往往缺乏自我检查。这主要是因为群体成员往往不希望别人提出任何反对意见，以防破坏团体。对提出反对意见的人员更倾向于施加压力从而使其无条件顺从。四是群体具有一致的错觉，倾向于不征求异议者的观点。五是群体总是存在"卫道士"，他们倾向于不让群体的领导听不到任何反对意见。

除了学术研究结果外，古斯塔夫·勒庞于 1895 年出版的《乌合之众》是对群体行为进行系统研究的早期成果。古斯塔夫·勒庞认为，群体往往处于本能的驱使，而处于群体中的人又会受到情绪的感染，因此群体往往比个人更不理性、冲动、易怒、缺乏理性、缺乏批判精神的判断力和对情感的过度夸张等。虽然该书并不是严格的学术著作，然而其对群体心理、群体的意见与信念的分析激发了人们对群体的关注和探讨。正如其

---

① 文章名为 *Three and a Half Degrees of Separation*。

书名所表达的意思一样，群体往往并不比个体时更聪明，反而是一群不聪明的。群体之所以会这样是因为群体的数量赋予的正义感使得本能成为群体的驱动力而非理性，此外群体的情绪会传播和感染其他人。

《乌合之众》观察到的是群体的心理特征，其主要表现为以下四个方面。

（1）共同知识效应。研究发现，在群体讨论中，每个人都知道的信息比每个人都没有共享的信息对决策的影响更大。处于群体中的个人为了维护群体的合一，往往更关注所有人都共享的信息倾向。然而，所有人都共享的往往并不是重要的，而对一个群体而言重要的信息往往只有部分人知道。

（2）群体极化。当群体成员互相交流后，群体的观点往往会向两个方向发展：更偏激或更谨慎。当群体起始方向朝着更偏激方向时，群体讨论的结果往冒险的方向进行；如果群体起始方向偏向于谨慎小心的方向，那么群体讨论的结果往往朝向谨慎小心的方向。

（3）责任扩散。研究人员约翰·达利（John Darley）等在20世纪60年代后期进行了一系列经典实验。研究要求参与者在一个突然开始充满烟雾的房间里填写调查表。在一种情况下，当烟雾进入房间时，如果实验的对象是一个人，这些受试者中有75%立即向研究人员报告了烟雾。在另一种情况下，房间中有一个对象和两个人参与了实验。但另两个人忽略烟雾时，因此只有10%的"天真"受试者报告了烟雾[1]。我们有时会听到以下报道：当一个人发生困难需要帮助时，存在的人数越多，帮助遇险者的可能性就越小[2]。这并不是说人们因为缺乏同情心而没有采取行动，而是随着创伤的发展，特别是当周围有人时；他们可能无法处理创伤事件。

（4）去个性化。在群体中的个人往往较少关注个人价值，由于这个原因有时人们甚至会作出让人匪夷所思的事情。

7.2　归　　因

人们常常为自己的行为寻找原因。在社会中，人们也经常处在来解释行为和事件原因的过程，该过程常被称作归因。归因是人们对已发生事件的原因的推论或知觉。在群

---

[1] 文章名为 *Bystander intervention in emergencies: Diffusion of responsibility*。
[2] 这种现象常被称为旁观者效应。

体中，了解消费者的归因是极为重要的。

7.2.1 弗里茨·海德的归因

弗里茨·海德（Fritz Heider）常被称为归因的提出者，这可能是因为他首先提出了内部归因和外部归因的分类。外部归因也叫情境归因，是指因果关系被赋予一个外部的超出人们控制范围的因素、动因或力量。常见的外部归因包括他人的期望、奖励或惩罚、命令、天气的好坏和工作的难易程度等。内部归因也叫性格归因，是指因果关系被赋予一个内部的在人们控制范围的因素、动因或力量。常见的内部归因包括需要、情绪、兴趣、态度、信念、动机和努力程度等。当消费者购买的牙刷出现问题，如果归因为牙刷设计不良则为外部归因，如果归因为使用不当则为内部归因。围绕着人们是内部归因还是外部归因，学者先后发展出两种有代表性的理论。

海德提出了两个原则用于判断内部归因或外部归因：共变原则和排除原则。共变原则的含义是：如果一个原因可能与一个结果相联系，但是如果没有某个原因观测到的结果就不会不发生，那么热门会把该结果归于这个原因，即如果 A 不在则 B 不发生，那么 A。排除原则则是指如果一个因素就能导致一个结果，那么该因素就是该结果的原因，即如果 A 能导致 B，那么 A 是 B 发生的原因。

7.2.2 对应推理理论

对应推理理论由琼斯和戴维斯（Jones and Davis）提出。他们认为人们关注的是故意行为（内部归因），但是人们只能看到行为，因此人们从行为及其结果推导出行为的意图和动机。那么，哪些行为或者什么样的行为特征会被人们做内部归因？这是他们关注的焦点。对应推理理论有助于我们理解人们的内部归因。琼斯和戴维斯认为：如果存在表 7 - 2 所示的 5 种信息源之一，那么人们一般认为是内部归因。

表 7 - 2　　　　　　　　　　　　　内部归因的 4 种信息源

维度	意义	例子
选择性	行为是否自愿和自由选择	张三渴了，在超市中选择了可乐说明张三喜欢可乐
期望值	不满足期望对一个人的信息更丰富	张三常买苹果手机，最近却买了一部安卓手机

续表

维度	意义	例子
社会需要	该行为通常不会带来奖励或社会认可的方式	在公交车上，有人坐在地板上而不是座位上
非共同效应	选择中的差异越明显，推论就越容易	张三度假，在青岛和海南中选择了海南，无法判断；张三度假，在丽江和海南中选择了海南，则张三喜欢海滩
个人主义	当一个人的行为影响我们时，我们会自动假设该行为是有意的和个人的	张三和李四正在沙漠中行走，只剩下有限的水源。张三喝了水，李四认为张三要剥夺他最后几滴水

琼斯和戴维斯的研究有一个有趣的发现，那就是人们倾向于给行为做内部归因。

◇ **经典研究**

琼斯和戴维斯让一位美国大学生公开念一篇会导致对古巴前总统卡斯特罗正面态度的文章，然后让另一位美国大学生念一遍会导致对卡斯特罗负面态度的文章。导致正面态度文章的典型句子为："古巴人民现在在政府中占有一席之地，他们的行动表明了他们的感情，他们对建设一个新社会的尝试作出了巨大的反应"，负面态度文章的典型句子为："卡斯特罗可以而且确实试图通过渗透、破坏和颠覆的方法来接管我们的邻国，并将其转变为共产主义卫星"。接着，琼斯和戴维斯让人们判断，这两个人谁支持卡斯特罗，谁反对卡斯特罗。

琼斯和戴维斯的研究发现即使调查知道这是老师的安排，然而，人们仍然认为念导致正面态度文章的人更有支持卡斯特罗的倾向，而念导致负面态度文章的人更有不支持卡斯特罗的倾向。

资料来源：https://www.radford.edu/~jaspelme/443/spring-2007/Articles/Jones_n_Harris_1967.pdf.

将一种行为归因于行为者的性情而不是情境的倾向被称为享乐主义，即使情境完全不受行为者的控制。事实上，人们更容易有享乐主义倾向。

7.2.3 协变模型

协变模型（covariation model）由哈罗德·凯利（Harold Kelley）提出，因为其包含三个因素，因此也被称为三维模型（three-dimensional model）。

凯利认为可以归因于人、对象和环境。人员归因依赖于人体内的稳定因素来解释。

例如，她是音乐发烧友或她很努力最终导致她在音乐事业上的成功。对象归因意味着可以追溯到与人进行交互的对象的稳定属性的效果。例如，我们认为她唱的歌本身就很好听。最后，在解释具有短暂和不稳定原因的影响时会作出环境归因，例如，当这种类型的歌曲最近很流行或者最近国内音乐界女歌手出现了断层。

协变是指结果和原因共同发生，其思想是一个结果是归因于人、对象或环境，取决于结果（因变量）共变的原因（自变量）。即与结果同时出现的人、对象或环境是该结果的原因。

为了判断共变因素，凯利提出了三个维度：一贯性、一致性或共识性和区分性或特殊性。一贯性是观察对象在不同时间点、不同情境中，同一行为人面对同一刺激的反应是否相同；一致性是指不同人在面对相同刺激时，行为反应是否与观察对象的行为一样；区分性是指观察对象是否对同类其他刺激作出不同的反应。

那么，人们是如何归因的？假设张三今天穿了一件很奇怪的衣服，这让他看起来有些"瓜"。那么，是张三真是如此还是有其他原因？

如果张三经常穿这件衣服（高一贯性），最近没人这样穿（低一致性），他有时好像会脑袋短路（低区分性），那么这次穿这件古怪的衣服的原因与张三有关。人们可能会说，这就是张三本来的样子。这种情况会被归因到人。

如果张三经常穿这件衣服（高一贯性），最近很多人这样穿（高一致性），他除了穿这件奇怪的衣服外很少穿奇怪的衣服（高区分性），那么人们会认为这件衣服有特别的情况。这种情况会被归因到对象。

如果张三很少穿这件衣服（低一贯性），最近没人这样穿（低一致性），他除了穿这件奇怪的衣服外很少穿奇怪的衣服（高区分性），那么人们可能认为他可能有特别的原因需要这样做，例如他可能去参加一次特别的活动。这种情况会被归因到环境。

上述三种情况正是凯利认为可以形成确定性归因到人、对象和情境的三种信息来源，它们分别对应一贯性、一致性和区分性的一种信息组合，详见表7-3。

表7-3　　　　　　　　　　　凯利提出的三种明确归因

归因	一贯性	一致性	区分性
人	高	低	低
对象	高	高	高
情境	低	低	高

7.3 群体影响

群体对个人行为产生影响的突出表现是消费的从众行为和群体的口碑传播行为,二者在个体消费时均不存在。

7.3.1 从众

从众是指根据他人而做出的行为或者信念的改变。从众的核心是个人的行为或信念会改变,而这样的改变是因为有别人的出现。从众有三种形式,见表7-4,其中接纳是最高层次的从众。

表7-4 从众的三个层次

层次	含义
顺从(compliance)	迫于外部环境压力,跟随他人的行为;顺从通常是为了得到奖励或者避免惩罚
服从(obedience)	外部明确命令引发的跟随他人的行为
接纳(acceptance)	发自内心的从众

1. 从众的原因

人们为什么不坚持自己的观点而会从众?阿西(Asch)通过一系列的实验对其进行了研究。第一个实验在斯沃斯莫尔学院(Swarthmore College)开展:一个实验参与者和另外事先准备好的7个[①]实验同盟被试验者要求说出右边图形中哪一条线段的长度和左边的相同,如图7-1所示。8名男大学生组成的小组参加了一项简单的"知觉"任务。然而,除一名参与者外,其他7名参与者都是演员,这项实验的真正重点在于被试将如何对演员的行为作出反应。

实验的大致流程是:每位学生查看一张带有一列的卡片,然后查看另一张分别标记为A、B和C的三列(见图7-1)。其中一条线与第一张卡片上的相同,而另外两条线

---

① 也有实验的其他参与者不是7个人,但结果类似。

明显更长或更短，因此预期正确响应率应该接近 100%。实验的核心内容是要求每位参与者大声说出 A、B 和 C 哪一个与第一张卡片上的长度相同。

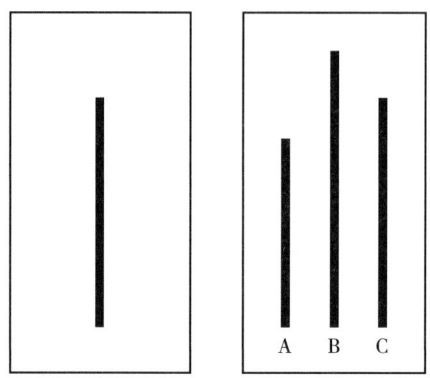

图 7-1　阿西实验的实验材料

在座位顺序上，真正的参与者总是被安排坐在后面，因此会在后面回答。受试者完成了 18 次实验。在前两次实验中，所有人都给出了正确的答案。在第三次实验中，演员们都会给出相同的错误答案。其余 15 次有 11 次再次出现这种错误响应。正是受试者在这 12 项"关键实验"中的行为构成了研究的目的：测试多少受试者会改变答案以符合 7 位演员的答案，尽管答案是明显错误的[①]。

阿西实验经受了多个国家的跨文化研究的验证。总体而言，在没有演员的情况下，回答的正确率超过 99%，因为答案并不困难。然而，在有演员的情况下，75% 的被试至少有一次从众行为。

在阿西实验的基础上，研究发现产生三种不同从众的原因并不完全相同。这其中，接纳的原因是清晰的：人们只有在内心真正地赞同、喜爱某个观点、事物时才会接纳它。

研究发现：顺从的原因包括信息性顺从和规范性顺从。信息性顺从在信息不足或信息不对称时尤其明显。当消费者购买手机时，如果其对手机并不太了解，许多人都会选择购买流行品牌或这段时间卖得好的品牌，因为别人的购买对消费者而言提供了选择的信息。如果消费者非常了解或者信息非常充分，从众发生的概率会显著下降。规范性顺从产生的原因则主要在于社会压力、同侪压力和归属感需要。在国内，私家乘用车也被称为轿车，既然是轿车，就需要像轿子一样有头有尾，这是社会的普遍观点。正因如

---

① 实验论文见 https：//www.gwern.net/docs/psychology/1952-asch.pdf。

此，在欧洲非常流行的两厢车一直并不在国内主流私家车的消费文化内。

服从的原因可以从米尔格拉姆电击实验了解。实验小组在报纸上刊登广告并寄出许多广告信，以正常的价格招募参与者前来参加有关记忆的大约1小时实验。实验最终在耶鲁大学的地下室进行。参与者将扮演"老师"的角色，以教导隔壁房间的"学生"，然而学生事实上是由实验人员假冒。"老师"和"学生"分处不同房间，他们不能看到对方，但能隔着墙壁以声音互相沟通。"老师"被给予一个据称从45伏特起跳的电击控制器，并被告知这具控制器能使隔壁的"学生"受到电击。实验开始后，"老师"提出一些看起来简单的问题让"学生"回答。如果"学生"回答错了，则需要接受电击惩罚。有趣的是，每答错一道题，电击的伏特数也会随之提升15伏特，一直到450伏特。遗憾的是，由实验人员假扮的学生总是回答错误，从而使得电击的电压持续升高。每次被电击，"学生"会打开录音机播放预先录制的尖叫声。随着电击数的提升，尖叫声会越来越惊人。当电压被提升到一定程度后，"学生"开始会敲打墙壁，而在敲打墙壁数次后则会开始抱怨患有心脏疾病等。许多参与者在到达135伏特时暂停，并质疑这次实验的目的。此时，工作人员则回答他们："请继续""这个实验需要你继续进行，请继续""你继续进行是必要的"或者"你没有选择，你必须继续"。在米尔格拉姆的第一次实验中，62.5%（40人中有25人）的参与者开启了450伏特的开关[1]，虽然在450伏特的下面有三个叉的标志用于提示实验者：按下该按钮"学生"会被电死。实验的结果是明显的：顺从结合权威导致了服从。

2. 从众的运用

从众在消费市场的运用主要体现在两个方面：商品销售的示范作用和广告宣传。

研究者通过实验证明了从众在商品中的示范作用。许多消费者都会在网络上下载歌曲，最好的歌曲很少表现不佳，最糟糕的歌曲很少表现良好。那么，其他歌曲的下载量是否也由其质量决定？研究者在一个网站上放置了一个并不太出名乐队的歌曲，一部分被试自由下载，另一部被试在下载时会有提示当前的热度。14341名参与者参与了下载，结果证明：对那些不是最好或者最坏的歌曲，社会影响力起到了作用，人们会根据其他人的下载而选择自己下载的歌曲。

此外，许多广告宣传中使用了诸如"××%的消费者选择了"等语句，这些对消

---

[1] https：//pdfs.semanticscholar.org/29e4/8c1365346fc67137423a016096622ac6a215.pdf?_ga = 2.50140902. 1510920950.1602273669 - 686401184.1602273669。

费者而言会起到信息或规范的作用,从而引发从众。

7.3.2 消费者口碑传播

个体决策和群体决策的一个很大区别是:群体会传播口碑。在非互联网时代,消费者购买流程通常为:关注(attention)、兴趣(interest)、渴望(desire)和购买(action),这也常被称为爱达(AIDA)模式。在互联网时代,除了爱达模式外,更可能是AISAS模式,即关注(attention)、兴趣(interest)、搜索(search)、购买(action)和分享(share)。这里的分享就是口碑传播,它既是一种消费者购买后的行为,也是其他消费者的信息输入,在许多时候也是消费者关注的起点。

乔纳·伯杰(2014)认为,产品、思想和行为会在消费者之间像病毒一样传播,主要是因为它们都具备六个要素:社交货币(social currency)、诱因(triggers)、情绪(emotions)、公共性(public)、实用价值(practical value)和故事(stories)。该思想常被称为病毒营销的STEPPS法则。

1. 社交货币

社交货币顾名思义就是有些东西会在社交场合像货币一样流通。人们喜欢分享自己的观点,这会让人感觉像付款一样让人兴奋。

社交货币是可以"铸造"的,具体方式为:①发掘标志性的内心世界,即制造非凡吸引力;②撬动游戏杠杆;③使人们有自然的归属感。

非凡吸引力通常具有以下一些特点:①能让人愉快的事情,这会让分享者看起来更极致、更精明。②能让人看起来更优秀、更潇洒、更爽朗、有趣和生动的产品或思想。③非常规之事,这些事情本身的新奇、刺激能发人深省,从而显得卓越不凡。人们传播非常规之事是因为这样能使谈论这些事情的人更受别人关注,而希望被赞美也是人的动机之一。④卓越不凡的事情。⑤神秘和有争议的事情。

企业还需要制造杠杆。杠杆的核心是要帮助人们显示成就。人们喜欢站在社会的顶端,喜欢被人敬仰,而杠杆能帮助人们感受到这样的体验,即人们需要可视化的标志,该标志就是杠杆。

谷歌并没有推广它的邮箱,而是顾客自己口碑传播的。因为Gmail有价值且不容易得到。许多企业通过稀缺性和专有性来增强人们的满足感,让人们感觉有归属感,从而让人们传播该企业的商品。稀缺性和专有性本身会增加人们的社会价值,从而让他们看起来更加优秀、新潮进而让人更羡慕。

2. 诱因

诱因的英文 triggers 如果直译是"扳机"的意思。有些口碑传播是暂时的，如果需要口碑成为长期传播，则需要给产品一定的诱因。

在一家超市，研究人员测试了播放音乐的国别对消费者购买的影响。事实证明，当超市播放德国音乐时，大部分购买了德国红酒；播放法国音乐时，消费者购买法国红酒。音乐通过激活消费者对不同国家的联想起到了诱因的作用。口碑需要诱因是因为只有一定的刺激才会产生行为。即口碑可能很有趣、新奇或者非常规等，但诱因是消费者持续传播口碑的临门一脚。

不是所有的东西都是好的诱因，好的诱因需要较高的激活频率，即诱因需要经常出现在日常生活中。当星巴克说它是第三空间时，空间成为诱因，这容易让消费者经常想起星巴克并传播它。此外，口碑传播的情境也是重要的考虑因素。

3. 情绪

情绪产生动机，然而不同的情绪在促使消费者口碑传播上有较大的差异。由表 5-6 得知唤起、惊奇、兴奋、欣喜、愉快和快乐是高唤醒情绪，而高兴、满意、满足、安详、镇定、安逸和轻松虽然是正面评价但却是低唤醒情绪。低唤醒的正面情绪对消费者而言更愿意独自体会而非与人分享。

此外，乔纳·伯杰发现，敬畏是高唤醒的正面情绪。敬畏是一种可以与惊奇相提并论的情感，却没有那么高兴。在情绪之轮上，敬畏被建模为惊奇和恐惧的结合，非常接近于钦佩。乔纳·伯杰第一次向人们证明了敬畏或者钦佩情绪会让人们乐于传播。

4. 公共性

外出就餐时，我们总是选择那些门口有人排队的门店，对那些顾客较少的门店则不太愿意尝试。这是因为，人们经常会模仿周围人的行为，因此企业需要让隐蔽的产品公开化，让"产品自己宣传自己"。

在苹果公司之前，大多数公司的耳机都是黑色的。从 iPod 开始，苹果公司使用了白色的耳机。白色的耳机就像活动的广告，在消费者使用时宣传了苹果公司和 iPod，让许多消费者知道了 iPod 的存在。除了颜色，图案、声音等也可以达到同样的效果，例如耐克、奔驰公司的商标。

5. 实用价值

社交货币会让信息分享者的个人形象得到提升，而信息接受者需要的是实用价值。一般而言，信息接受者关注的是节约时间、节约金钱、更好地体验和帮助人们完成自己想做的事情的信息等。

2016 年 7 月，消费品巨头公司联合利华公司以 10 亿美元的价格收购了 2012 年创立的美元剃须公司（Dollar Shave Club）。该公司之所以被大多数人了解是因为创始人自己制作的一份视频。在视频中，一位男士说"我是 dollarshaveclub.com 的创始人，Dollar Shave Club 是什么呢？嗯，每个月只用 1 美元，我们就会把高品质的剃须刀寄到你家。是的，1 美元。那刀片好用吗？当然，我们的刀片非常棒。我们的每一个剃须刀都是由不锈钢刀片一条，芦荟润滑条以及一个旋转刀头组成。所以非常简单，就连不会走路的婴儿都会用。您还在每月花 20 美元买剃须刀吗？告诉您，20 美元中有 19 美元都交给费德勒了……您以为您的剃须刀需要震动手柄、闪光灯和 10 层刀片吗？……"。该广告于 2012 年 3 月 6 日在油管（YouTube）上线，截至 2020 年 10 月 12 日已经播出 2700 万次。显然，人们愿意看该宣传视频正是因为其宣传的 1 美元价格。

6. 故事

好的故事不仅能让人更容易接受信息，还愿意传播信息。之所以这样是因为故事有两个显著的特征：娱乐性和公正性。

在电视、收音机、报纸、互联网和电影等现代娱乐方式发明之前，听故事似乎是人类最主要的娱乐方式。故事往往更生动、富有趣味性，能抓住听众的注意力，从而提高听众的信息接受度。

故事的公正性是故事相比广告和宣传更容易得到人们的信任。在 7.1.2 节讲述了责任扩散，并介绍了研究者约翰·达利（John Darley）的实验。然而，该实验实际上是"两个和尚抬水喝，三个和尚没水喝"的学术版。

7.4 说　　服

我们不仅关心群体的认知、群体对消费者影响，还关注如何对消费者进行说服。

7.4.1 说服理论

1. 精细加工可能模型

精细加工可能模型（elaboration likelihood model，ELM）由理查德·佩蒂（Richard E Petty）和约翰·卡乔波（John Cacioppo）在1980年提出，在广告说服、消费媒体选择等消费者行为领域有广泛运用。理论核心含义为：人们组织、分类和理解的过程存在两条途径：中心路径和外围路径，其主要界定和内容见表7-5。

表7-5　精细加工可能模型的中心路径和外围路径

	中心路径	外围路径
参与程度	积极参与者	非积极参与者
处理的信息	信息的参数	消息中的论点或观点强度以外的其他提示，通常与刺激的逻辑性质无关，例如承诺、社会证明、物品的稀缺性、权威和可信度等
加工方式	高水平的信息精化，集中地处理信息，认知反应	对所主张立场的优点作出简单的推断，常依赖启发式和其他经验法则
前提条件	接收者既有动机又有能力	对主题几乎不感兴趣或不感兴趣和（或）处理消息的能力较弱时
结果	相对持久的，有抵抗力的	暂时改变，可能是长期也可能是短期

例如，消费要购买一部汽车，如果采用中心路径，则其关注的焦点在于购车成本、保险成本、安全指数、可靠性、其他消费者的评论和燃油经济性等；而如果采用外围路径，那么主要关注车辆的颜色、外观、轮圈尺寸以及和同事车辆的价格等因素。

决定是中心路径还是外围路径的主要因素是动机（motivation）、能力（ability）和机会（opportuinity），简称MAO因素。

有三个因素影响消费者动机。一是信息的一致性。根据认知失调理论，当消费者接触到的信息与现有信息不一致时，其有动力去消除这样的不一致。二是信息的相关性。例如，当一项信息对消费者而言，意味着10年后的决策甚至1年后的决策，其相关度较低；而如果是1周内的决策则相关度高。三是个人对认知的需要。对部分消费者而言，思考本身可能是乐趣，而对那一部分消费者而言，思考是一种"负担"，因为这会消耗大量的资源。

同样存在三个因素影响消费者认知的能力。一是可以使用的认知资源。例如，当消费者决策时间压力低时，其认知资源多；反之则少。二是认知忙碌。当消费者需要同时处理多项任务时，其大脑可能缺乏足够的"带宽"来同步处理相关的信息。三是对相关主题的熟悉程度。对消费者而言，缺乏必要的专业知识储备将限制其采用中心路径，而这在科技发展迅速、分工越来越细的当代是普遍存在的现象。

对于消费者而言，即使具有必要的动机、也有相应的能力，其是否采取中心路径还受到当时所处条件的影响，例如时间是否允许，这些被称为机会。

外围路线并非如其名字那样不招人喜欢。外围路线的使用节省精力和时间，而现代人普遍缺乏精力和时间，这在决策具有高度时间约束的情况下优势突出。因此，当消费者发现外围路径能解决其决策问题时，将优先选择外围路径。事实上，如果使用 MAO 原则来分析脑白金广告会发现，消费者在认知资源、认知忙碌、相关主题的熟悉程度上使得消费者缺乏认知能力，因此在保健品选择上会更多使用外围路径而非中心路径。

2. 启发—系统式模型

人们经常听到"晓之以理、动之以情"的说法，意思是在说服他人时应该讲道理使他明白、用感情来打动他的心。二者对应了学术上说服的两种范式：启发式说服和系统性说服，合称为 HSM 模型（Heuristic - Systematic Model）。启发—系统式模型由雪莉·柴肯（Shelly Chaiken）提出并做出数次修改，其基本内容见表 7-6。

表 7-6　　系统性说服和启发式说服

内容	启发式说服	系统性说服
	通过诉诸习惯或情感来改变信念和态度	通过诉诸理性来改变信念和态度
基本假设	人们不会权衡各种证据和观点，而是借助各种启发性信息	人们更容易被证据充足、论证充分的信息说服
处理的信息	明显且易于理解的信息	任何通过仔细观察、深入思考和推理能获得信息
信息处理原则	使用简化的决策规则或"启发式"来快速评估	对信息进行仔细处理
效率	高	低
决策信心	不足	较高

启发式和系统性可以独立发生，也能以累加或衰减的方式同时发生，或一种为主另一种辅助提供判断的方式展开，甚至可能交互发生作用。在形成观点、信念态度时，人

们更希望自己的结果是稳定的、可靠的，因此系统式说服似乎是更好的选择。然而，系统性说服需要观察、思考和推理，这些都需要认知资源和能力。研究发现人们愿意接受启发性还是系统性说服取决于人们的意愿以及分析问题的能力，这一点与精细加工可能模型类似。

用启发性和系统性理论分析脑白金广告会发现，脑白金广告使用的是启发性的说服方式。当消费者过节回家，需要拜访父母、亲朋好友尤其是长辈时，他们往往不知道应该购买什么（决策信心不足），且决策时间短，因此要求较高的决策效率。此时，人们需要"明显且易于理解的信息"，且大多数消费者缺乏保健品相关知识，不会权衡各种证据和观点，而是借助各种启发性信息。所有这些都吻合启发性理论。而脑白金广告的"今年过年不收礼，收礼只收脑白金"非常吻合启发性说服的特点，易于被脑白金的目标人群接受。

3. 自我功效理论

无论是精细加工可能模型还是启发—系统模型，都包括四个主要的因素：信息、线索、动机和思考能力。在此基础上，人们会有一个观点。然而，对于这个观点人们还会存在观点，即对观点的观点。最明显的就是人们对观点的信心程度，是非常有信心还是非常不确定。例如，两个人可能有类似的思想，但可能其中一个想法的信心比对另一个想法的信心大得多，对该想法的信心越大，它对判断的影响就越大。该想法被称为自我功效理论。自我功效理论的核心是，产生思想不足以使其对判断产生影响。相反，人们还必须对它们充满信心。

一项研究对该理论进行了探讨。研究者要求参与者阅读有关校园问题的说服力信息，仔细考虑提案，并列出他们对提案的想法。完成想法列表任务后，参与者报告了他们对列出的想法以及对提案的态度的信心。研究发现：在信心相对较高而非较低的程度上，思想和态度之间的关系明显更大。换句话说，只要人们对自己的思想充满信心，说服就取决于这些思想的价值。然而，如果人们对自己的观点缺乏信心，那么说服就较少依赖于思想的价值。

7.4.2 说服方法

罗伯特·B. 西奥迪尼（Robert B Cialdini）总结了对他人有效说服的 6 种范式：互惠、承诺和一致、社会认同、喜好、权威和稀缺。其中，社会认同已有阐述，本节介绍另外五种,将在介绍案例的基础上归纳该原则的核心含义和运用的方式。

1. 互惠

实验者参加名为"艺术鉴赏"的实验,研究人员则假扮实验者的同伴。在短暂的休息时间,研究人员离开房间,返回时带了两罐可乐,其中一罐给了实验者。在另外的实验场合,研究人员离开房间,返回时什么都没带。除此之外,其他情境均相同。当艺术鉴赏活动结束后,实验者表示他正在帮一款新车卖抽奖选票。如果他卖得足够多,那么可以得到 50 元奖励,因此他请求实验者以 0.25 元/张的价格购买一些,哪怕是一张也可以。实验希望观察在两种背景下实验者购买的数量,结果表明:在研究人员给了实验者一罐可乐的情况下,实验者购买彩票的数量是没有给可乐情况下的 2 倍。之所以这样是因为可乐让实验者感受到自己欠了一个人情,需要给予必要的回报,即体现出互惠原则。

互惠原则之所以起到作用是因为违背互惠原理,即接受而不试图回报他人善举的行为是不受社会群体欢迎的。

互惠原则的使用方法主要有两种:接受了对方让步的人以同样的方式回应;接受了让步的人有回报的义务,通过先让步从而开始有益的互惠过程。可乐的实验即为第一种。"拒绝—后撤"策略是互惠原则常见的第二种运用策略。例如,当双方谈判时,一方(记为 A)提出明显对方不会接受的条件,在对方(记为 B)拒绝后作出让步,此时接受了让步的人(B)有回报的义务,也会在交易中有所让步,而这正是 A 所期待的。由于该方法常让参与者感觉到是被对方留面子后的回报,因此也常被称为留面子方法。

2. 承诺和一致

研究人员在一个海滩铺开浴巾,并在上面放置便携收音机后离开。随后,研究人员假装成小偷拿走收音机。在 20 次的实验中(在现场看起来是偷窃),有 4 次被阻止。随后,研究人员开始了类似的一个实验,这一次研究人员在离开之前告诉旁边的人说"请帮我看一下收音机",其他流程与之前一样。在 20 次实验中,19 次被制止。

人们之所以言行一致有两个主要的原因。一是言行一致为行为决策提供了便捷的方法。作出承诺并努力实现可以让人们不至于总是处于思考应该干什么的状况。此外,社会奖励言行一致。在 6.3.1 节讲述过认知失调,事实上,"信仰、言语和行为前后不一的人,会被看成脑筋混乱、表里不一,甚至精神有毛病",反之遵守诺言、言行一致则被认为是坚强、高智力、诚实和稳定。事实上,在我国,言行一致还是一种美德。此外，承诺对言行一致可以起到促进的作用。承诺意味公开表明观点和立场。

"登门槛效应"是一致策略的典型运用。登门槛效应指同意一个小的请求会增加同意另一个更大的请求的可能性。登门槛效应在推销中大量存在。"登门槛效应"在西方营销学中也被称为"脚在门"技术（foot-in-the-door，FITD）。其含义是指，在上门推销的日子，如果推销员将脚踩在门框和门之间，那么顾客很难面对推销员。"脚在门"之所以有效是因为当推销员问顾客要一些小的东西（例如一杯水或者一个电话），如果顾客答应了第一个小请求，那么顾客将更有可能回应下一个更大的请求。事实上，"脚在门"的运用随处可见，从政治到非营利组织，例如政治候选人可能会要求参加集会的人们戴上别针来宣传他的竞选活动，稍后，他可能会要求他们捐款；一群妇女可能同意接受短期健康调查，后来同意进行乳腺癌筛查；一组网站访问者可能会勉强同意将罐头食品捐赠给救灾慈善机构，随后可能被要求在慈善机构总部提供志愿者服务。[①]

许多企业在运用承诺和一致上是非常"巧妙"的。例如，许多企业都开展我最喜欢的××产品、我最喜欢的××品牌或者我最喜欢的××照片的活动，邀请消费者挑选出该企业最喜欢的产品、品牌或者使用感受。当消费者参与这样的活动时，其客观上体现了承诺和一致。事实上，承诺和一致对消费者心理起到的作用主要在于：①当人们在与某个人或某件事进行某种程度的互动之后，就会倾向于感到自己参与其中或有一定的责任感；②人们试图通过安排后续的行为来证明自己前期的行为是正确的。

3. 喜好

世界著名推销员乔·吉拉德（Joe Girard）在12年里保持着"头号汽车销售员"的荣誉。对于如何销售汽车，他的总结是：公平的价格和让顾客喜欢的销售员。事实上，大多数人更容易接受自己喜欢的人提出的要求。

顾客喜好的销售员更容易销售出商品的原因是晕轮效应（halo effect）。晕轮效应是指人们使用一个人或事物的一个特征来对该人或事物进行整体判断。因为喜欢某业务员，也同时喜欢他推销的汽车或者其他商品。对于晕轮效应，外貌通常是其主要部分，即人们对那些具有外貌吸引力的人在其他积极特质上的评价也较高。晕轮效应在正向和负向都有效，即如果您喜欢某件事的某个方面，则会对它的所有方面都会有积极的倾向；如果您不喜欢某物的某个方面，则对它的所有事物都会有消极的倾向。这大概就是

---

① https://www.forbes.com/sites/neilpatel/2014/10/13/foot-in-the-door-technique-how-to-get-people-to-take-seamlessly-take-action/#1935ae497d9e。

"情人眼里出西施""仇人见面分外眼红"的原因。

事实上，不仅是人们喜欢的人具有"晕轮效应"，相似性和关联也能起到类似的效果。对相似性而言，我们喜欢那些与我们相似的人，不管他们在观点上、背景上，还是生活方式上与我们相似，都会对他们产生好感觉。即使是衣着相似、共同的兴趣爱好都让我们对一个人的评价更正面。对于关联，其作用原理类似于"爱屋及乌"，人们会将相同的情感转移到与之相关联的事物上。当我们把自己与人们喜欢的事物关联在一起时，也就自然而然地获得了人们的喜好。

4. 权威

一名自称"医生"的研究人员分别给 22 个医疗护理站打了个一模一样的电话，要求接电话的护士给病房的某个病人使用 20 毫克的某种激素。作为护士有 3 个充足的理由对该命令作出慎重的反应：①该处方是通过电话下达的，直接违反了医院的规定；②用药的剂量显然达到了危险的程度，药瓶上清晰明确表明一天最大的剂量是 10 毫克；③护士们从来没有见过这名医生，也从来没有跟他交谈过。然而仍有 95% 的护士按照这名"医生"的要求去准备药物。当然，护士们的最终用药被事先安排好的工作人员制止了。

米尔格拉姆电击实验告诉我们：即使是具有独立思考能力的成年人也会为了服从权威的命令而作出一些完全丧失理智的事情来，对于有些情况，权威的话在事后并没有什么道理，然而处在事件中的许多人还是会毫不犹豫地方按权威者说的去做。

一般而言有三种权威：头衔、衣着和外部标识。头衔包括教授、博士、医生或律师等；衣着包括穿白大褂的可能是医护人员、穿工作服的专业人员等；外部标识则包括名车、豪宅或名表等。

5. 稀缺

您一定不会认为香蕉很有价值对吗？因为生活的环境中，香蕉是一种普通的水果。然而，在第二次世界大战后的民主德国，香蕉是非常昂贵的商品。因为它远离热带地区，本身不出产香蕉，而其贸易又不发达，因此香蕉非常稀缺，一旦商店里有了香蕉卖，当地居民就抢购回家。直到民主德国与联邦德国统一的早期，商店里只要出现了香蕉，居民就将其抢光，当第二天大家到商店里又发现许多香蕉，人们再次将其一扫而光，直到人们发现香蕉会源源不断地出现在商场的货架上，就再也没有人会去抢购了。

抢购是因为人们觉得它有价值，不抢购是因为人们认为其价值大幅下降。同样的商品之所以出现价值判断的较大差异是因为稀缺性。稀缺性就意味着短缺，而短缺会让人感觉到可能会失去某种东西，这样的想法导致害怕失去某种东西的想法比希望得到同等价值东西的想法对人们的激励作用更大。于是，人们形成这样的认知"难以得到的东西通常比容易得到的东西要好"。当人们接受这样的认知后，会自然地根据某种事物获得的难易程度来判断其质量和价值的高低。此外，短缺还隐含着一种潜在的暗示：我们本来是曾经有机会获得的该物品，对这种应得而未得的"错失感"会给我们带来一定的压力。

本章小结

互联网的本质是信息。信息的开放、去中心化和体量大等特点对社会的影响是巨大的，对消费者行为的影响是全方位的。这其中，最大的影响是信息使得人们更容易成为群体而非个体消费者。

群体是指有共同之处的人的集合。通过与其他人之间的关系来界定"我是谁"，因此个人无法离开群体。三种基本动机在社会影响面前不堪一击。

人是社会性的，渴望加入群体。有趣的是，处于群体中的个人与处于个体中的个人的行为有较大的区别。《乌合之众》观察到的是群体的代价：共同知识效应、群体极化、责任扩散和去个性化。

人在群体中行为的变化体现在归因、群体影响和说服。

人们常常为自己的行为寻找原因，这叫作归因理论。弗里茨·海德提出了内部归因和外部归因的分类。琼斯和戴维斯则根据行为提出对应推理理论。该理论认为，行为代表着动机。协变模型是最有名的归因理论，它从一贯性、一致性或共识性和区分性或特殊性将结果归因于人、对象或环境。在高一贯性、低一致性和低区分性下人们更容易归因于人；在高一贯性、高一致性和高区分性下归因于对象；在低一贯性、低一致性和高区分性下归因于环境。

人在群体中容易从众，具体表现为三种形式：顺从、服从和接纳。顺从的原因包括信息性顺从和规范性顺从。米尔格拉姆的研究发现，服从最容易发生在有权威存在的情景。乔纳·伯杰的研究发现，在群体中，人们愿意传播信息是因为信息具备STEEPS属性：社交货币、诱因、情绪、公共性、实用价值和故事。

说服理论主要包括精细加工可能模型和启发—系统式模型。精细加工可能模型认为人们组织、分类和理解的过程存在两条途径：中心路径和外围路径，具体采用哪条路径由三个要素决定：动机、能力和机会，简称MAO因素。启发式说服是指通过诉诸习惯或情感来改变信念和态度；系统性说服是指通过诉诸理性来改变信念和态度。人们愿意接受启发性还是系统性说服取决于人们的意愿以及分析问题的能力。

罗伯特·B. 西奥迪尼总结了说服的模式：互惠、承诺和一致、喜好、权威和稀缺。

☞ 关 键 术 语

群体	group
归因	attribution
对应推理理论	correspondent inference
协变模型	covariation model
从众	conformity
服从	obedience
社交货币	social currency
说服	persuade
精细加工可能模型	elaboration likelihood model
启发式说服	heuristic persuasion
系统性说服	systematic persuasion

✍ 习 题

一、单选题

1. 弗里茨·海德将归因分为（   ）。

   A. 内部归因和外部归因　　　　　B. 对应推理
   C. 人、对象和环境　　　　　　　D. 一贯性、一致性和区分性

2. "观察对象在不同时间点、不同情境中，同一行为人面对同一刺激的反应是否相同"是指（   ）。

   A. 内部性　　B. 区分性　　C. 一致性　　D. 一贯性

3. 当一贯性高、一致性低和区分性低时，人们会归因于（   ）。

   A. 外部　　B. 情景　　C. 人　　D. 对象

4. 当一贯性低、一致性低和区分性高时，人们会归因于（   ）。

   A. 外部　　B. 情景　　C. 人　　D. 对象

5. "迫于外部环境压力，跟随他人的行为；通常是为了得到奖励或者避免惩罚"是指（　　）。

　　A. 服从　　　　B. 顺从　　　　C. 从众　　　　D. 接纳

二、多选题

1. 《乌合之众》观察到的群体的代价包括（　　）。

　　A. 共同知识效应　　B. 群体极化　　C. 责任扩散

　　D. 去个性化　　　　E. 群体偏见

2. 顺从的原因包括（　　）。

　　A. 服从　　　　B. 顺从　　　　C. 接纳

　　D. 规范性顺从　　E. 信息性顺从

3. AISAS 模型包括（　　）。

　　A. 关注　　　　B. 兴趣　　　　C. 搜索

　　D. 购买　　　　E. 分享

4. 以下对精细加工可能模型中心路径描述正确的是（　　）。

　　A. 参与程度高　　　　　　　　B. 处理信息的提示

　　C. 集中地处理信息，认知反应　　D. 接收者既有动机又有能力

　　E. 相对持久的结论

5. 以下对系统性说服阐述正确的是（　　）。

　　A. 通过诉诸理性来改变信念和态度

　　B. 认为人们更容易被证据充足、论证充分的信息说服

　　C. 任何通过仔细观察、深入思考和推理能获得信息

　　D. 对信息进行仔细处理

　　E. 效率较低

三、思考题

1. 分析协变理论得出明确结论的三种情景。

2. 精细加工可能模型产生的基础。

3. 总结罗伯特·B. 西奥迪尼的说服模式。

参 考 文 献

[1] 艾·里斯，杰克·特劳特. 定位：有史以来对美国营销影响最大的观点 [M]. 邓德隆，火华强，译. 北京：机械工业出版社，2011.

[2] 戴·L. 马瑟斯博，德·I. 霍金斯. 消费者行为学 [M]. 13 版. 陈荣，许销冰，译. 北京：机械工业出版社，2018.

[3] 丹·艾瑞里. 怪诞行为学：可预测的非理性 [M]. 赵德亮，夏蓓洁，译. 北京：中信出版社，2017.

[4] 丹尼尔·卡尼曼. 思考，快与慢 [M]. 胡晓姣，李爱民，何梦莹，译. 北京：中信出版社，2012.

[5] 丹尼尔·夏克特，丹尼尔·吉尔伯特，丹尼尔·韦格纳，马修·诺克等. 心理学 [M]. 上海：华东师范大学出版社，2017.

[6] 董昕，张翼. 农民工住房消费的影响因素分析 [J]. 中国农村经济，2012 (2)：37 - 48.

[7] 黄俊，李晔，张宏伟. 解释水平理论的应用及发展 [M]. 心理科学进展，2015，23 (1)：110 - 119.

[8] 翟学伟. 中国人的脸面观：形式主义的心理动因与社会表征 [M]. 北京：北京大学出版社，2010.

[9] 李爱梅，凌文辁，方俐洛，肖胜. 中国人心理账户的内隐结构 [J]. 心理学报，2007，39 (4)：706 - 714.

[10] 李爱梅，凌文辁，方俐洛. 财富来源影响资金支配结构——心理账户的分析视角 [R]. 中国管理研究国际学会第二届年会，2006.

[11] 李堃，李艳军，李婷婷. 消费者仪式行为研究综述与展望 [J]. 外国经济与管理，2018，40 (5)：43 - 55.

[12] 林建煌. 消费者行为 [M]. 4 版. 北京：北京大学出版社，2016.

[13] 林梅，琚迎. "90 后"大学生消费结构的调查分析 [J]. 思想理论教育，

2014（2）：95-99.

［14］刘世雄．基于文化价值的中国消费区域差异实证研究［J］．中山大学学报（社会科学版），2005（5）：99-103.

［15］卢泰宏，周懿瑾．消费者行为学：中国消费者透视［M］．3版．北京：中国人民大学出版社，2018.

［16］卢泰宏．中国消费者行为报告［M］．北京：中国社会科学出版社，2005.

［17］罗伯特·B．西奥迪尼．影响力［M］．闾佳，译．沈阳：万卷出版公司，2010.

［18］迈克尔·所罗门．消费者行为学［M］．12版．卢泰宏，杨晓燕，等译．北京：中国人民大学出版社，2018.

［19］纳雷希·K．马尔霍特拉．市场营销研究：应用导向［M］．3版．涂平，译．北京：电子工业出版社，2002.

［20］乔纳·伯杰．疯传：让你的产品、思想、行为像病毒一样入侵［M］．刘生敏，廖建桥，译．北京：电子工业出版社，2014.

［21］斯科特·普劳斯．决策与判断［M］．施俊琦，王星，译．北京：人民邮电出版社，2004.

［22］汪纯孝，韩小芸，温碧燕．顾客满意感与忠诚感关系的实证研究［J］．南开管理评论，2003（4）：70-74.

［23］王海忠．中国消费者世代及其民族中心主义轮廓研究［J］．管理科学学报，2005，8（6）：88-96.

［24］威廉·G．齐克蒙德，小雷蒙德·迈克利奥德，法耶·W．吉尔伯特．客户关系管理、营销战略与信息技术的整合［M］．胡左浩，贾崧，杨志，译．北京：中国人民大学出版社，2010.

［25］肖作平，尹林辉．我国个人住房消费影响因素研究：理论与证据［J］．经济研究，2014（1）：66-76.

［26］查金祥，王立生．网络购物顾客满意度影响因素的实证研究［J］．管理科学，2006（1）：50-58.

［27］张新安，田澎．顾客满意与顾客忠诚之间关系的实证研究［J］．管理科学学报，2007（4）：62-72.

［28］B Kidwell，V Lopez-Kidwell，C P Blocker，E M Mas. Birds of a Feather Feel Together：Emotional Ability Similarity in Consumer Interactions［J］．*Journal of Consumer Re-*

search, 2020, 47 (2): 215 – 236.

[29] B Mittal. Measuring Purchase – Decision Involvement [J]. *Psychology & Marketing*, 1989, 6 (2): 147 – 162.

[30] C Hydock, Z Chen, K Carlson. Why Unhappy Customers Are Unlikely to Share Their Opinions with Brands [J]. *Journal of Marketing*, 2020, 84 (6): 95 – 112.

[31] C J Wakslak, Y Trope, N Liberman, R Alony. Seeing the Forest when Entry Is Unlikely: Probability and the Mental Representation of Events [J]. *Journal of Experimental Psychology: General*, 2006, 135 (4): 641 – 653.

[32] C K Hsee, E U Weber. A Fundamental Prediction Error: Self-others Discrepancies in Risk Preference [J]. *Journal of Experimental Psychology: General*, 1997, 126 (1): 45 – 53.

[33] C K Hsee. Less Is Better: When Low – Value Options Are Valued More Highly Than High – Value Options [J]. *Journal of Behavioral Decision Making*, 1998, 11 (2): 107 – 121.

[34] D B Valentine, T L Powers. Generation Y Values and Lifestyle Segments [J]. *Journal of Consumer Marketing*, 2013, 30 (7): 597 – 606.

[35] D Cravens, N Piercy. *Strategic Marketing* [M]. New York: McGraw – Hill Irwin, 2003.

[36] D J Faulds, O Grunewald, D Johnson. A Cross – National Investigation of the Relationship between the Price and Quality of Consumer Products: 1970—1990 [J]. *Journal of Global Marketing*, 1994, 8 (1): 7 – 26.

[37] D Kahneman, A Tversky. Prospect Theory: An Analysis of Decisions under Risk [J]. *Econometric*, 1979 (2): 313 – 327.

[38] E Kordrostami, Y Liu – Thompkins, V Rahmani. Investigating the Influence of Regulatory Focus on the Efficacy of Online Review Volume Versus Valence [J]. *European Journal of Marketing*, 2021, 55 (1): 297 – 314.

[39] G B Northcraft, M A Neale. Experts, Amateurs, and Real Estate: An Anchoring-and-Adjustment Perspective on Property Pricing Decisions [J]. *Organizational Behavior and Human Decision Processes*, 1987 (39): 84 – 97.

[40] H Lee, A K Lalwani, J J Wang. Price No Object!: The Impact of Power Distance Belief on Consumers' Price Sensitivity [J]. *Journal of Marketing*, 2020, 84 (6): 113 – 129.

[41] J E Swan and R L Oliver. Postpurchase Communications by Consumers [J]. *Journal of Retailing*, 1989, 65 (4): 516 – 533.

[42] K L Milkman, J Beshears. Mental Accounting and Small Windfalls: Evidence from an Online Grocer [J]. *Journal of Economic Behavior & Organization*, 2009, 71 (2): 384 – 394.

[43] K White, R M Mesler, D Dahl. It's the Mind – Set that Matters: the Role of Construal Level and Message Framing in Influencing Consumer Efficacy and Conservation Behaviors [J]. *Journal of Marketing Research (JMR)*, 2011, 48 (3): 472 – 485.

[44] L G Lim, K R Tuli, and R Grewal. Customer Satisfaction and Its Impact on the Future Costs of Selling [J]. *Journal of Marketing*, 2020, 84 (4): 23 – 44.

[45] L Hasher, D Goldstein, T Toppino. Frequency and the Conference of Referential Validity [J]. *Journal of Verbal Learning and Verbal Behavior*, 1977, 16 (1): 107 – 112.

[46] Lisa, Gary. Consumer Search for Information in the Digital Age: An Empirical Study of Prepurchase Search for Automobiles [J]. *Journal of International Marketing*, 2003, 17 (3): 29 – 49.

[47] N Liberman, M D Sagristano, Y Trope. The Effect of Temporal Distance on Level of Mental Construal [J]. *Journal of Experimental Social Psychology*, 2002, 38 (6): 523 – 534.

[48] N Liberman, Y Trope. The Role of Feasibility and Desirability Considerations in Near and Distant Future Decisions: A Test of Temporal Construal Theory [J]. *Journal of Personality and Social Psychology*, 1998, 75 (1): 5 – 18.

[49] R P Coleman. The Continuing Significance of Social Class to Marketing [J]. *Journal of Consumer Research*, 1983, 10 (3): 265 – 280.

[50] S Anderson, L K Pearo, S K Windener. Drivers of Service Satisfaction: Linking Customer Satisfaction to the Service Concept and Customer Characteristics [J]. *Journal of Service Research*, 2008, 10 (4): 365 – 381.

[51] Singh, Jagdip. A Typology of Consumer Dissatisfaction Response Styles [J]. *Journal of Retailing*, 1990, 66 (1): 57 – 100.

[52] V A Zeithaml, L L Berry, and A Parasuraman. The Nature and Determinants of Customer Expectations of Service [J]. *Journal of the Academy of Marketing Science*, 1993 (1): 1 – 12.

[53] W H Bexton, W H Eron, and R H Scott. Effects of Decreased Variation in the Sensory Environment [J]. *Canadian Journal of Psychology*, 1954, 8 (2): 70 – 76.

［54］W H Peters. Relative Occupational Class Income：A Significant Variable in the Marketing of Automobiles［J］. *Journal of Marketing*，1970，34（2）：74-77.

［55］X Huang，A A Labroo. Cueing Morality：The Effect of High-Pitched Music on Healthy Choice［J］. *Journal of Marketing*，2020，84（6）：130-143.